直播带货

线上流量变现实操手册

刘芸畅 著

中华工商联合出版社

图书在版编目（CIP）数据

直播带货：线上流量变现实操手册 / 刘芸畅著. —北京：中华工商联合出版社，2021.9

ISBN 978-7-5158-3056-8

Ⅰ. ①直… Ⅱ. ①刘… Ⅲ. ①网络营销 Ⅳ. ①F713.365.2

中国版本图书馆CIP数据核字（2021）第132515号

直播带货：线上流量变现实操手册

作　　者 刘芸畅
出 品 人 李　梁
责任编辑 吴建新　林　立
装帧设计 夏海波
责任审读 李　征
责任印制 迈致红
出版发行 中华工商联合出版社有限责任公司
印　　刷 天津文林印务有限公司
版　　次 2021年9月第1版
印　　次 2021年9月第1次印刷
开　　本 880毫米×1230毫米 1/32
字　　数 179千字
印　　张 8
书　　号 ISBN 978-7-5158-3056-8
定　　价 49.80元

服务热线： 010-58301130-0（前台）
销售热线： 010-58302977（网店部）
010-58302166（门店部）
010-58302837（馆配部、新媒体部）
010-58302813（团购部）
地址邮编： 北京市西城区西环广场A座
19-20层，100044
http://www.chgslcbs.cn
投稿热线： 010-58302907（总编室）
投稿邮箱： 1621239583@qq.com

凡本社图书出现印装质量问题，
请与印务部联系。
联系电话：010-58302915

目录

第6章 抓住用户，别把直播变“自嗨”

第7章 5大品类的差异化带货方法论

前言

直播带货，带的是“风”还是“风口”

互联网真是一个神奇的圈子。

短短几年甚至只需一年的时间，你就可以看到各种各样的“风口”兴起，资本青睐的各种神话纷至沓来，好像你不做这些就会被时代淘汰。

2016 年是直播元年。从这一年起，大大小小的直播平台如雨后春笋般涌现，斗鱼、虎牙、熊猫、映客、花椒……直播平台不胜枚举。

2017 年是AI元年。“凡人饮水处，皆言人工智能。”AI，这个从 1956 年达特茅斯会议后兴起的概念，在 2017 年又变成了资本钟爱的产物。有投资人表示，如果你的创业方向跟AI不搭边，融资就比较难。

2018 年是区块链元年。短短 10 个月时间，细分之下竟又分出了“公链元年”“通证元年”“交易所元年”等几大代表。然而无一例外的，这些追涨杀跌的概念，最终都在国家一纸公文面前跌落尘埃。

时间来到 2020 年，我认为这一年的“风口”是直播，因此将其称为“全民直播元年”。

自2019年以来，直播带货成为现象级电商模式。在淘宝、京东、拼多多等电商平台和抖音、快手等短视频平台的积极参与下，直播带货席卷各大平台和各个领域，不仅有头部主播在不同平台火爆带货，疫情期间，全国多地还掀起了公益直播带货助农的风潮，湖北、四川、江西等多地的市长、县长、第一书记也加入直播带货的行列。直播的“风口红利”显然进入了另一个高潮。

然而在直播电商表面繁华的背后，也存在着诸多问题。产品质量无法保证，导致用户收到的商品货不对板，售后困难及数据造假成了用户、商家避不开的槛。从“草根网红”到名人企业家，再到地方政府，随着直播带货彻底火“出圈”，直播带货的各种问题也接踵而至。

根据中国消费者协会2020年6月29日发布的“618”消费维权舆情分析报告，在6月1日至6月20日共计20天监测期内，仅收集有关“直播带货”类负面信息就达112384条。

其中直播带货的“槽点”主要集中在5个方面：直播带货商家未能充分履行证照信息公示义务；部分主播特别是“明星主播”在直播带货过程中，涉嫌存在宣传产品功效或使用极限词等违规宣传问题；产品质量货不对板，平台主播向网民兜售“三无”产品、假冒伪劣商品等；直播刷粉丝数据、销售量刷单造假“杀雏”；售后服务难保障，等等。

李佳琦此前直播的不粘锅现场粘锅，堪称大型“打脸”现场。随后其直播售卖的“阳澄湖大闸蟹”也被曝出并非产自阳澄湖，而薇娅直播销售的水果也被网友吐槽没熟、腐烂、发臭等。

此外，随着直播经济爆火，数据成了衡量主播的重要指标，一场直播没有几个亿的销量都不好意思发战报。然而，在庞大的数据流量背后又掺杂了多少水分?

根据央视财经报道，在多个包含“直播涨粉”等字眼的聊天群里，有不少声称可以在各大主流平台上提供刷赞、涨粉等服务的广告。

拍客卧底揭秘直播数据造假产业链，直播间粉丝、点赞、人气、评论皆可刷，175 元 1000 人气，1035 元 1 万粉丝！一个房间放满 2000 台手机同时刷 10000 个账号，现场演示 0 粉丝账号刷流量。

如果说观看人数可能有水分，那每场直播销售的成交额，总该是实打实的真金白银吧！其实这个也是可以造假的！

更有甚者通过虚假下单再退货的方式，骗取商家的坑位费和佣金。例如机构通过与商家签订保底协议，要求商家先付 5 万元的坑位费，承诺如果卖货达不到 5 万元时全额退还；如果达标，再按 20% 比例提佣金。直播时，机构会先用 5 万元坑位费刷单，完成任务、赚到 1 万元佣金后，再分批退货回笼 1~2 万元。

由于直播时购买价格较低，剩余的货品可以通过团购、二手交易等方式再次分销变现，最后实际上由商家承担损失。

这些问题不禁让人思考，直播带货到底是“风口”，还是“一阵风”？

2020 年以来，北京、上海、成都、重庆、济南、深圳等几大城市相继出台一系列直播电商政策，大力扶持和规范直播行业。从利好政策的有序颁布中，我们也能看出国家对这一行业的扶持。所以即便行业乱象仍存，但我们也可以看出，直播带货风头正劲。

随着通信基础设施和互联网接入方式不断升级，移动通信技术实现了从1G到5G的跃迁，这些技术条件决定了我国互联网实现从PC互联网发展到移动互联网，并且向智能互联网转变。直播带货既得益于移动通信技术从4G到5G带来的高带宽和高网速，也是用户数量红利锐减的自我革命。直播的“现场+在场+同场”的本质特点能够吸引更多、更广泛的用户，更能带来高度的参与感和极致的用户体验感，自然成为营销创新的最佳选择，也成为电商领域的新风口和新趋势。

除此之外，直播带货能助力企业实现转型升级。在互联网流量红利尤其是移动互联网流量红利锐减的情况下，流量获取更难且成本更高，之前简单粗暴的流量思维必须转型为深耕细作的用户思维，电商营销要从之前的流量营销转变为内容营销，其核心是基于用户生命周期管理构建新的营销体系和建立起与用户的深度链接。直播带货由于以用户为中心使得用户体验更好，还省去中间商赚差价，使得成本更低，同时带有很强IP属性的主播能与用户建立起高度的信任，沟通效果更好，完全契合营销界最新的4C（消费者、成本、便利、沟通）理论。企业用好直播带货的渠道，有利于向最新的营销模式转型。而直播带货能够更好地吸引用户，进而把用户转化为企业自身的私域流量，极大地助力企业数据智能化升级转型。

由此可见，直播带货作为新风口和新趋势，将对我们的生活和工作产生重要影响。同时，它无疑也催生了主播这个庞大的职业群体。要想在这个风口行业中吃尽发展红利，就要在顺应该趋势的同时，系统深入地学习理解这一趋势，更好地把握机遇。

导言

做好一场直播必备的 7 大要素

很多新手主播在入门时，会觉得完成一场高质量的直播是一件很难的事情，但实际上，这些人完全想错了。做一场高质量的直播和做一道美食、策划一场活动一样，可以按照既定的步骤得到想要的结果。只要按照下面的流程做好每一个细节，那么你的直播就约等于成功了！

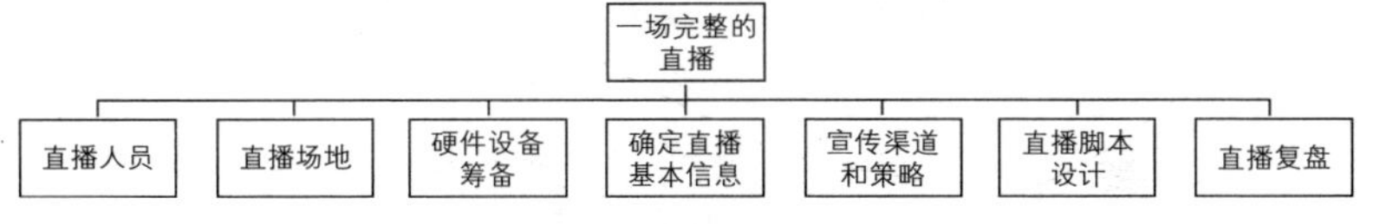

图 1　一场直播必备的 7 大要素

1. 直播人员

通常，一场直播需要四类人：直播负责人、主播、主播助理、运营人员。

直播负责人：明确直播项目负责人，并以“周”为维度制定直播计划，对直播的所有事项负责。

主播：建议一场直播配备两位主播，一男一女搭配或两位女主播。主播需要选择会聊天，形象好，在镜头前自然并且自信的人。主播需要懂产品、专业、有影响力，会带节奏。

主播助理：需要提前对灯光、镜头进行调试。在直播过程中承担管理员的角色，与粉丝进行互动，在直播过程中协助主播。

运营人员：设计直播脚本，制定直播目标，选品，申请商品折扣等。负责直播宣传预热、直播数据监测与总结等。

2. 直播场地

第一，匹配商品的场景，要与实际卖货场景类似，增加用户云逛街的代入感，增加其信任感。若无法塑造专业场景，建议背景干净，景深感强，让用户专注于主播，且看久了不厌烦。

第二，在正式开始直播前，还要进行以下几个方面的调试。如果有助理或小组，则应进行团队作战，这样才能提升直播效果和效率。

• 光线调整。确认环境光线，如果在室内，则应加强光照；如果在室外，则应避免光照过强或过于黑暗的环境。

• 对焦和曝光调整。对相机、手机进行对焦和曝光调试，确认画面效果让人感到舒适。

• 美颜设置。多选择几款美颜软件进行测试，在众多软件中找出最适合自己和环境的一款。

• 横屏和公告设置。测试手机横屏观看效果，并提前将公告设置写好，以便开播时可以第一时间发布。

3. 硬件设施筹备

根据经济条件、直播经验，准备不同层次的硬件设备。

第一，快速上手版。

一般新手主播没有足够的启动资金来购置高端的设备，所以不妨采用快速上手版硬件设备。

常用的快速上手的直播设备有直播支架和手机。

第二，简约版。

对于稍微有一些经验，并且拥有一定固定粉丝的主播来说，可以选择简约版的硬件设备。

• 美光灯。比如具备多色彩、柔光效果的环境灯，能够让主播的皮肤看起来更柔美，视觉效果更好。

• 补光灯。在摄像头前配备补光灯，保证自己的脸上及产品上没有大块阴影。建议使用支持冷光和暖光两用类型的补光灯，同时打开冷光和暖光，避免因冷光造成的皮肤过白或因暖光造成的皮肤过黄等现象。

第三，高配版。

对于直播经验丰富、粉丝数量较多的主播来说，应选择高配版硬件设备。

• 背景板。置于背后，上面可以有自己的卡通形象、带货品牌的Logo等。

• 声卡和麦克风。配备较为专业的声卡和麦克风，以保证直播声音清晰，同时可以发送各种声音特效。

• 微信二维码或胸牌。在主播台上，可以放置亚克力材质的微信二维码，便于粉丝扫描。也可以佩戴胸牌，标明自己的身份。

直播设备是确保直播清晰、稳定进行的前提，在直播筹备阶段，需要对手机、电源、摄像头等设备进行反复调试，以达到最优状态。

4. 确定直播基本信息

我们至少要提前 3 天时间确认以下信息。

• 确认主播信息。如果有多名主播或特别嘉宾，要确定每一个人的身份与特长。

• 确认直播时间，比如“x月x日周四晚上 8:15”开始直播。

• 确认直播时长，通常以 2~3 个小时为宜。

• 直播地点。直播地点包括直播间平台与直播地点。确认在哪一家平台进行直播，比如淘宝、斗鱼、快手等；并确认直播地点，如公司直播间、家中、步行街等。

5. 宣传渠道和策略

• 宣传时间点：直播前 1~2 天宣传，预热效果最为突出。

• 宣传渠道：微信粉丝群、导购朋友圈、重点客户一对一私信沟通、线下门店活动宣传、公众号推文等。

• 宣传策略：一是优惠券策略。提前发放一批稀缺优惠券到微信群或重点客户群，吸引粉丝提前关注直播间。二是会员积分策略。邀请客户帮忙转发朋友圈，截图可送积分。

6. 直播脚本设计

直播带货活动和平时的社交直播不同，直播带货活动往往配合企业活动，有固定的流程，不能光靠和粉丝聊天度过直播时间。同时为了满足信息传播的需求，准备好脚本是必须的。

直播脚本用以规范整场直播的流程与内容，主要是对直播的整体流程进行规划和安排，以及把控直播节奏。

第一，明确直播主题：直播的主题是回馈粉丝？还是新品上市？让粉丝明白自己能在直播间得到什么。

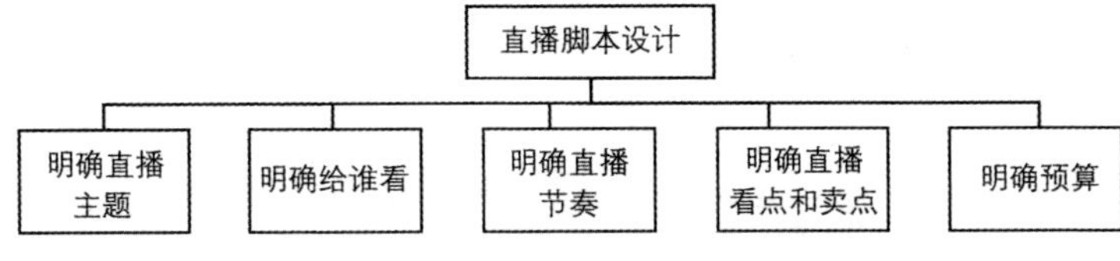

图 2　直播脚本设计的基本要素

第二，明确给谁看：做好粉丝画像，挖掘粉丝的欲望点和深层需求。

第三，明确直播节奏：安排好商品解说顺序，控制解说时间，提前安排好福利发放。

第四，明确直播看点和产品卖点。

•分析产品的品牌优势，尤其注意其在国际、行业内的品牌价值，在直播时进行综合输出。

•分析市场需求优势，并据此进行相应的语言设计。

•寻找产品的生产技术优势，如果使用了“黑科技”，则一定要将相关信息了解通透，作为重点卖点进行推荐。

•粉丝非常关注价格，在与品牌方进行洽谈时，一定要争取到最低折扣，与市场价格相比要让人感到惊喜。

•明确产品自身的优势，包括材质、获得的荣誉、实用性等。

第五，明确可以发放的优惠券面额和赠品价值，等等。

直播脚本最好以 5 分钟为单位，精确到哪一个阶段需要做什么事，包括台词都要提前准备好。主播必须提前对词，如果对台词记忆有困难，可以使用提词卡等辅助工具。

7.直播复盘

为了持续提升营销效果，企业在营销活动结束后通常都需要进行复盘，总结经验教训并作为下一次营销活动的参考，直播营销也不例外。

第一，数据分析。

对一场直播活动进行复盘，首先需要从数据层面进行分析。直播数据分析包括品牌口碑数据、目标数据、目标用户比例、销售情况数据。

• 将品牌口碑数据与直播中的目标产品进行对比，看直播是否有效传递了产品的理念，让观众对产品感兴趣、对产品优势有了解。

• 把目标用户比例与直播目的中的用户进行对比，看直播是否精准地覆盖了用户，吸引目标用户进入了直播间。

• 将效果数据与直播目的中的目标进行对比，看直播是否实现了新品销售目标、店铺利润目标等。

第二，经验总结。

数据分析与总结只能体现直播的客观效果，而流程设置、团队协作、主播的台词等主观层面无法用数据获取，需要企业新媒体团队通过自我分析、团队讨论等方式，进行总结。要善于发现并总结直播中的优缺点，整理成经验手册，目的是加深记忆，以便在之后的直播中借鉴。

第三，对直播打分。

在复盘时对直播进行打分。打分的目的是让主播和直播团队对整场直播有一个认知，让主播和团队明确地知道，是优点更多还是缺点更多。记录每次直播的分数，作为下一次直播的参考，有比较才会有进步。

当然，想要成为知名主播，只会“套模板”是不够的。在直播的过程中，主播要学会根据自己的特点进行调整，使直播更符合自己的习惯、粉丝的喜好，这样才有可能成为下一个李佳琦或薇娅！

第 1 章 主播实力修炼，具备这 7 点才算入行

新手主播入门法宝：“努力＋技术”。

在巨大经济利益的驱动下，越来越多的人加入网络直播行业，成为一名主播。行业的兴盛虽然吸引了很多年轻人跃跃欲试，但很多主播入行时心里总不免有这样的顾虑：“现在主播这么多，我还能做大吗？”“我颜值不够高，能吸引粉丝吗？”……

像任何行业一样，主播行业也有一定的门槛，需要具备一定的专业技能。作为一个新手主播，能不能成功，最重要的就要看“人和”，即看个人是否努力，以及是否找对了努力的方向。

好口才：嘴巴甜一点，路子多一点

嘴甜的主播，更容易拉近与粉丝的距离。主播要习惯嘴甜，要常常将各种亲切的称呼或有趣的称谓挂在嘴边，比如薇娅、李佳琦等经常说的“宝宝们”“家人们”。

同时主播要学会感恩粉丝，即使用户只是在直播间聊天，没有点赞，也没有购物，主播也要把感恩时时挂在嘴边，因为每位主播的成长都离不开粉丝的积累。粉丝点歌时，可以说声“谢谢这位粉丝，这首歌特别为你献上”；粉丝夸赞时，说声“谢谢，我会更努力的”。

嘴巴甜的主播会给人留下良好的第一印象，哪怕用户只是因此多观看了5分钟，主播就有了将其转化为粉丝的机会。

除了嘴巴要甜一点，主播还要拥有一副好口才，这是成为一名合格主播的基础，也是一名受欢迎主播的基础。如果主播希望与粉丝维持良好的关系，能够有效地卖出商品，就要拥有一副好口才。

1.影响主播口才的5大因素

为了练出一副适合当主播的嘴皮子，我们先来了解一下影响口才的5大因素。

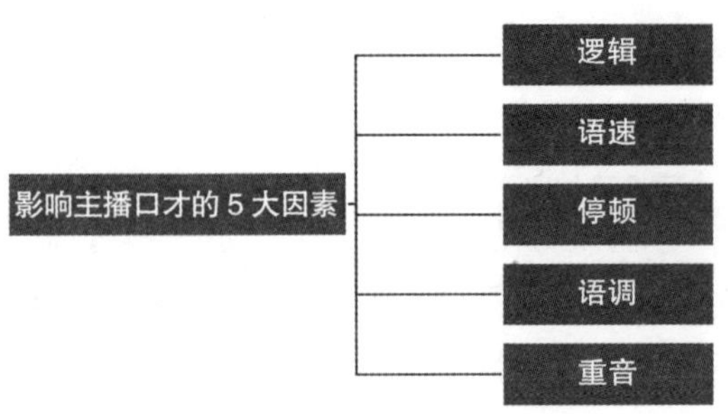

图 1-1　影响主播口才的 5 大因素

（1）逻辑

逻辑就是你能否把一件事、一个物体，用通顺的语句表达清楚，将前因后果表达得很流畅。如果你不具备这种能力，在与别人沟通时思维过于跳跃，别人完全跟不上你讲话的节奏，那就试着放慢语速，一句句地前后联系，顺着逻辑走，要强硬地把自己纠正过来。

（2）语速

语速是传递信息的关键。只有让粉丝听清楚主播所讲的内容，才能顺利地传递信息。为此，主播要尽量做到吐字清晰、发音清楚、语速适中。语速太快，犹如开足马力的机器，会让听者难以跟上，主播自己也很容易疲劳；语速过慢，又会显得直播间死气沉沉，让粉丝毫无耐心，总是想离开。

（3）停顿

停顿是指主播语流中声音的暂时停歇和延续，可以说它是有声语言表达中的标点符号。一方面，停顿是主播在沟通中内容、情感表达的需要。为了更好地表情达意，主播在适当的地方停顿，造成声音的暂时间歇和延续，能帮助粉丝更好地理解和感受其想表达的内容。另一方面，停顿也是主播在叙述过程中的生理需要。在与粉丝的交流过程中，主播不可能一口气说完一大段话，中间需要不停地换气，并且不断地调整声音，停顿则能满足这方面的需求。

（4）语调

语调，即每句话的语音图形。通常说话时的抑扬顿挫、轻重缓急、高低强弱的变化，再加上重音和停顿，形成了语言的旋律，将话语的思想、情感和态度，用声音表达出来。

不要像一部复读机那样，平白直述地说任何话，那样是没有煽动力的，引不起观众的共鸣。为什么我们看很多国家领导人在公开演讲时的某些段落、某些语句中，都会习惯性地提高语调，这不仅是为了强调，更重要的是为了调动其他人的情绪，感情到位了，观众就听得进去了，并且还能给他们留下深刻的印象。

（5）重音

重音是指说话时为了突出主题、表达思想、抒发感情而对语句中某些词语加以突出强调的现象，它是体现语句内容的重要手段。在与粉丝沟通时，重音的位置不同，语义也会随之发生变化。

如果你看过李佳琦的直播，就会发现他在直播时的重音和重复用得特别多。

比如，“四十一块九毛钱，三瓶给大家，四十一块九毛钱，三瓶给大家！”

“买买买买买买买！”“要抢要抢，一定要抢！”“买它！买它！买它！”“500、300、100……卖完了！”

这里的重音重复就有讲究了，重音通常是为了突出特别想要强调的内容或重点，而重复更是具有强大的吸引力！这是声音里的“钩子”，一点一点消除用户的犹豫和顾虑。

2.锻炼口才的5大方法

明确了5大要点后，就需要不断地练习，熟能生巧。

这里就给各位新手主播提供 5 种最有效的口才练习方法。

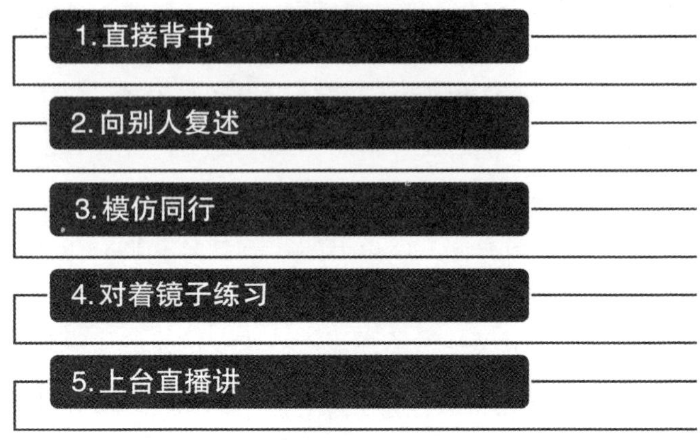

图 1-2　锻炼主播口才的 5 大方法

（1）直接背书

对于新手而言，起步最好的办法就是拿着书本背，背一些故事、小说段落，甚至可以背诵一些古诗词。

背书不强调死记硬背，没必要每一个字、每一句话都跟书本上一模一样，我们不是为了考试。考试想保证描述准确，直接拿背诵的内容写上去最稳妥，而锻炼口才只是需要你背熟一件事情的大致内容，接下来能够跟别人复述一遍，讲得八九不离十，别把故事中的一只鹿，复述成一只马就可以了。

（2）向别人复述

背诵之后就立马复述，用自己的话去表达背过的内容，复述的八九不离十，才能说明之前的背诵达到了预期的效果。同时，在复述的过程中，也能在一定程度上锻炼自己的勇气。

（3）模仿同行

模仿同行也是一个锻炼口才的好方法。作为一个即将成为主播的人，每天多看别人直播是必修课。找一个不错的同行，最好是与自己形象和定位差不多的，尝试去模仿对方的表达方式、讲话技巧、肢体语言等。

（4）对着镜子练习

有了模仿的对象之后，你可以对着镜子练习自己说话时候的眼神、表情、肢体语言，这些细节的搭配，也会进一步提升你在直播间的表达效果。比如眼神，千万不要漂移不定。有的主播，为了偷懒把内容都打出来用另外一部手机播放，然后用眼睛瞄着读，结果出来的视频效果就不是很好。

如果后期直播的时候需要一些提示板的辅助，建议可以打出要点，跟做PPT一样列出提示点，不要把脚本都打出来，要不然一边直播一边偷瞄稿子，那眼神绝对是迷离的，给观众的感觉不会很好。此外，表情需要搭配前面提到的语调，比如讲到产品卖点的时候，表情适当兴奋、夸张，提高语调，这样整体效果就出来了。

（5）上台直播讲

在镜子面前练习，自我感觉良好之后，就可以开始面对镜头，尝试上台直播了。在直播间开个内测，邀请自己的亲戚朋友同事们捧场，期间不要中断，就跟模拟一场真正的卖货直播一样，去互动、去介绍、去踢单。直播结束后，再与朋友们交流，请他们提一些建议。

3.锻炼口才的注意事项

到了这里，相信你已经能够驾驭得了一场直播了，至于能不能卖得了货，还不好说。台上一分钟，台下十年功，李佳琦和薇娅这种带得了货的主播，前期也是默默无闻地直播了几年。所以你还需要多实践来磨炼，作为主播还需要注意一些事项，别让自己的口才毁在细节上。

（1）减少语气词的使用

主播在说话的时候一定要减少语气助词。比如那么、然后、是不是、对不对，等等，一旦养成口头禅的习惯是很难纠正的。仔细观察那些站在讲台上十几年的老师，也会有这种毛病。不是说这种毛病有多大问题，只是对于观众来说听起来不够舒服，过于累赘。

（2）多说短句

主播在卖货的时候，要多说短句，既有停顿又显得有节奏。“这块手表只要998、998，一个电话马上带它回家”，比起“这块无论是商务出行还是送礼都非常有面子、性价比还高的手表，现在只要您拿起电话拨打客服热线就可以马上给您快递送上门了”，听起来要省力气多了。

（3）少说废话

对于主播来说，少说废话是很重要的。比如“今天我给大家推荐的这款产品很不错，质量很好”，讲一次没有问题，问题是如果每个产品都这么讲，同一款产品还时不时来一句，就会给观众留下啰哩啰唆的感觉，仿佛主播就会这一句。主播自己也会感觉词穷，不知道该换什么话题切入产品了。

（4）少讲专业术语

在卖货的过程中一定要少讲专业术语，特别是有些产品的专业术语需要解释好久的或存在争议的。如果必须要讲专业术语，就挑一些大家都略懂的，比如手机屏幕的刷新率，一句话也能解释清楚，但最好还是多用通俗的话去描述产品。

幽默感：趣味呈现，营造轻松氛围

从事主播工作，其目的离不开赚钱与发展。但如果主播不懂得给予，也就很难获得回报。正因如此，主播就更应积极地带给粉丝快乐，让他们忘记生活的烦恼与工作的压力，沉浸在融洽自在的气氛中，而送出欢乐的最好武器就是幽默。

要知道，姣好的容颜确实能帮助主播快速出名，但想要真正被粉丝接受，则需要幽默作为调剂。否则再好看的主播，也只会被看作“高高在上的女神”——不好亲近。

有幽默感的人，无论什么情况，总能把大家逗笑，从而使得直播在轻松愉快的气氛中进行。这样的主播无论在什么场合，都会受到粉丝的欢迎。懂得幽默的主播，永远不用担心尴尬或冷场，而且他们还会把粉丝逗得哈哈大笑，自然会有更多的粉丝愿意关注主播。

要注意的是，逗乐搞笑并非简单的讲笑话。不幽默的主播，讲再多、再好的笑话，也只会让粉丝觉得“冷”。其实，幽默很难通过模式化的学习方法掌握，主播必须养成一种幽默的思维，并借助几个幽默的小技巧。

图 1–3　幽默的 6 种技巧

1."自黑"与讽刺

"自黑"在娱乐圈十分常见，通过这种方式能够拉近明星与粉丝间的距离。比如相声演员岳云鹏，就经常在网络上"自黑"。在微博晒自己的大头漫画，漫画中"小岳岳"身子小头大，"肉"感十足，看上去十分有喜感。岳云鹏忍不住"自黑"调侃："我要打瘦脸针，必须打。"而如此"自黑"，反而加深了他在人们心中的幽默形象。

讽刺是幽默的重要形式，正如相声既是幽默的艺术，也是讽刺的艺术。主播在培养与发挥幽默感时，可以先从自嘲开始，抓住个人的某些特点，或者夸张讲述经历，凸显自己的与众不同，形成有趣的笑料。这样，就能让直播间的粉丝感到你的平易近人，愿意在直播间驻足观看。

比如"双十一"预售直播时，其中一个产品的库存是13 万件，李佳琦对观众开玩笑表示"如果这个抢不到，就可以直接睡了，其他的应该也抢不到"；某款粉胶售空时，李佳琦告诉观众"它已经告别'双十一'了"，还唱了一首《再见》送给它。

随着粉丝群体逐渐成熟稳定，主播也可以利用和老粉丝之间的信任感，稍微调侃下粉丝的某些特点或经历，这样反而能让他们体会到与主播之间的亲近感。当然，这需要把握好尺度，不能伤害到对方的自尊。此外，如果在调侃其他人时，不忘补充自嘲，还能发挥更好的效果。

2.适当夸张

适当夸张是幽默的一个小技巧。在调节直播气氛的时候，如果能在话语中适当地夸张一下，就能打破冷场，引人发笑。

如果主播在直播时不小心说错了话，惹得粉丝不开心了，不妨及时用夸张的语言缓解氛围："你可千万别生气，你一生气，我的魂都飞到千里之外了，到时候你可得救我啊！"这么简单的一句话，就能避免尴尬的气氛，甚至能让粉丝立刻笑起来。

3.抓住矛盾

根据你对聊天对象的了解，抓住矛盾来运用幽默技巧。例如当一名主播有了一定的阅历，对自己的粉丝也比较熟悉，知道他们喜欢什么或讨厌什么时，就可以委婉地利用幽默感来对其中的矛盾进行强化，从而制造笑料，营造欢乐的直播间氛围。

有位主播经常拿喜欢"养生"的粉丝开玩笑："这么晚了还在熬夜，是不是泡了杯枸杞？""喝啤酒没忘记放红枣、桂圆？"这就是利用粉丝语言中的矛盾来制造笑料。但是，这项技能不能总用。

4.符合情境

幽默是情商的外化，就是因为这种处理手法并不适合所有的情境。幽默者最尴尬的处境就是，当主播自以为幽默时，粉丝却把其看作是讽刺或庸俗。

在幽默的语言中，通常蕴含着一定的信息量，或者称之为“梗”。如果对方无法理解，那么就难以达到幽默的效果。

5.培养自信

内向的人即便幽默，也不确定自己的幽默感是否会受到大家的欢迎。这也是很多主播即便产生了幽默的想法，也不敢随时积极表露出来的原因。其实，主播大可自信地面对镜头，及时讲出自己觉得有趣的事情，即便最开始会犯错，但随着经验的积累，很快就能形成对幽默的感受和表达力。

6.情绪稳定

流量越大的直播间，出现意外情况的可能性就越大。一个成熟的主播，不会让个人情绪由于意外情况而产生波动。同样，只有保持情绪稳定，不被少数“带节奏”的观众影响，才能始终展现出强大的幽默能力，形成自身稳定的特质，吸引忠实粉丝的欣赏和支持。

表情包：丰富自然，拥有魔性记忆点

线上直播跟线下做品牌很像。线下开店一定要做属于自己的品牌，就好比提到奶茶会想到喜茶，提到火锅会想到海底捞，“怕上火就喝王老吉”“灰指甲用亮甲”等。为的就是占领用户的大脑，让消费者想买东西就第一时间想到自己的品牌。线上直播也一样，只不过是在卖个人IP。让顾客想买什么就想进你的直播间，而不是逛到你这来才听两句。

像李佳琦，就是用“OMG”打造了一个超强的表情记忆点，只要他喊出这句话，再加上独特的表情，就制造了一个焦点瞬间，听者都会反应：他有好东西要卖了！网友一致感叹——“天不怕，地不怕，就怕李佳琦一句‘OMG’”。

当然了，除去最常见的“OMG”，李佳琦也会说这些词语，“高级”“完美”“舒服”“买它”“好看”“所有女生”等。

塑造记忆点不仅会产生一种心理暗示，更能让主播的形象被用户记住。

有记忆点是主播事业的起步。大脑可以把千万像素的图片压缩成几个字节并存储在记忆中，然后当你进行回忆时，再根据这几个字节“有损耗地”还原出当时的情形，也就是“脑补”，而这几个字节就是记忆点。淘宝上千千万万个账号，千千万万个主播，假如你没有形成清晰的记忆点，那么很容易被忽略或取代。

总结来说，记忆点就是进入粉丝和观众大脑的入场券。

1.记忆点是什么

记忆点的目的就是打造一种条件反射，记忆开关，场景触发器。

由于手机这个媒介的限制，目前对于主播来说常见的记忆点归类有：

•视觉记忆点：能看到的，主播外在的表情、装扮造型、道具、背景。

•听觉记忆点：比如台词口号、背景音乐。

2.记忆点的特征

记忆点有三个明显的特征，只有掌握记忆点的这些特征，才能有针对性地打造独属于自己的记忆点。

（1）备受期待的

记忆点一般是粉丝期盼发生或出现的，比如看柯南时，小伙伴们都会心心念念那句“真相只有一个”，这也就形成了整部动漫的记忆点。

对此，需要主播根据粉丝的特点爱好，设计他们想要的记忆点，以加深印象。

（2）有规律性

当一件事在固定的时间，以固定的形式重复发生，久而久之就会成为记忆点。以最常见的《新闻联播》举例，每天晚上 7:00 开播，这就是无可比拟的大 IP 记忆点。

（3）有区别性

一场好的直播或短视频，有哪些记忆点？李佳琦的

“OMG”是声音记忆；薇娅的“废话不多说”，是“Slogan”记忆；仙女酵母的复古造型是形象记忆。正是这些主播、网红做出了与他人完全不同的记忆点，才能坐拥百万粉丝，创造出自己的一片天地。

3.打造记忆点的原则

（1）利于记忆

记忆点一定要利于记忆。记忆点第一要义就是好记。比如李佳琦的“OMG”，甚至虞书欣的“哇哦”，多余和毛毛姐的“好嗨哟”，papi酱的“美貌与才华的女子”，等等。这些都是以简单明了的几个字，就瞬间抓住粉丝的心，并且因其简单易模仿，从而迅速传播，达到了良好的宣传效果。

给自己设计一句广告语，让别人能记住你。

（2）多次重复

这里要提到一个心理学概念叫“戈培尔效应”，就是通过一遍又一遍的重复，彻底洗脑，刺激消费者大脑，让消费者想到这句话，或者这个表情包就能直接想到你。这就要求你在设计自己记忆点的时候，可以是一句话、一个动作，或者是一个表情包，并在直播中大批量重复地展现，强化记忆，形成规律。

无论主播说了什么，这些话语都可能事先经过设计，但微笑和眼神最能触动粉丝的心灵。有时，当主播出错时，流露出一些很自然的表情，比如一个尴尬的眼神、一个道歉的微笑，都能俘获粉丝，让粉丝对主播心生喜欢。

应变力：冷静机智，用高情商巧妙救场

直播和传统的节目录制不同，传统的节目通常可以通过后期剪辑来突出笑点和重点，直播却要求主播具备良好的现场应变能力和丰富的专业知识。

一个能够吸引粉丝的主播，仅靠颜值、才艺和口才是不够的。直播是一场无法重来的真人秀，没有彩排。万一在直播中发生了意外，主播一定要具备良好的心理素质。

1.冷静应对突发事件

在直播现场，出现各种各样的突发事件是不可避免的。当发生意外情况时，主播一定要稳住心态，让自己冷静下来，打好圆场，给自己台阶下。

汪涵给我们展示了一位优秀的主持人在面对突发状况时，是如何做好“应变控场”的。我们来分析解读《我是歌手》第三季孙楠退赛时，汪涵救场说的这段话：“楠哥，我特别想问一下，刚才您说的每一句话都是内心所想所感，都是您自己拿定主意之后的观点吗？”

首先，确认事实。达到两个效果，一是明确责任，录播时退赛，节目组还能中断录制和歌手沟通看能否挽回，是改赛制还是剪片子都好说。可这是直播，如果出了岔子，就是严重的播出事故，因此首先要将责任方说清楚。二是给自己思考应对的缓冲期。“好，既然我是这个舞台的节目主持人，接下来就由我来掌控。”随后，汪涵做了话题衔接，把观众的关注转移到自己身上，没让现场失控。

当然汪涵这个级别的主持人，是定场神针。临时出了这么大的事，汪涵也有些紧张，但是还能定场，这就是气场了。

2.粉丝提出无理要求怎么应对

（1）无视

对于粉丝“毫无根据的攻击”和“完全没有任何正当理由”的要求，甚至已经涉及人格侮辱，主播最好的选择就是无视。千万不要看到不尊敬的话语就生气抓狂，和粉丝打嘴仗。这样做不仅不能解决问题，反而会让自己情绪失控，造成不良影响。

（2）拖延要求

对于部分粉丝提出的“无理但并非人身攻击”的要求，主播不妨用拖延的方式巧妙回答。用模棱两可的回答，既没有答应粉丝，也没有回绝粉丝，但巧妙地让这个话题就此打住。随着时间的流逝，没人会再记着这个问题。这就是高情商的体现。

（3）巧妙拒绝，并感谢粉丝的关注

对于忠实粉丝提出的“不合理但没有恶意”的要求，主播不妨巧妙拒绝，并感谢粉丝的关注。例如粉丝的热情很高，每天都要和自己聊天，聊到凌晨两三点才肯睡觉，这个时候不妨和粉丝说明：“特别感谢您的关注，但是很抱歉明天我还要继续直播，如果这个时间还不睡觉，恐怕明天就要带着黑眼圈上线了！谢谢您的理解！”

（4）有理有据地针锋相对

尽可能不要走到这一步。如果没有其他办法可选，那就要尽快解决。

3. 与粉丝观点不合

在直播中，难免会出现粉丝与主播的观点不同或粉丝与粉丝的观点不同的情况，这时主播该怎么办呢？

一位主播与粉丝聊到“先成家还是先立业”的话题时，一位铁杆粉丝在弹幕里说：“应当先成家，再立业，只有后方稳定了，前方才能打胜仗。”此时，另一位粉丝马上跳出来说：“你错了，男人没有家的牵绊才能更好地奋斗，而事业有成后，才能给另一半更好的生活。”两个人就这样在弹幕里，你一言我一语地吵起来了。

就在场面越来越激烈的时候，主播赶紧插话道：“先成家还是先立业其实都是个人想法，每个人情况不同，选择自然会不同。”

简单的一句话，就可以化解尴尬，调节直播间的气氛。

主播在与粉丝聊天时，如果与粉丝观点不合，不要轻易否定粉丝的观点。在聊天中，顺着对方说话，才能获得对方的认同，快速获得好感。每个人都渴望得到别人的认同，尤其在直播中，主播的一句“你错了”很容易让粉丝觉得面子上挂不住。当主播说出第一句争辩时，这位主播就已经输了。

个性化：打造垂直IP，人格魅力引关注

要成为一名人气主播，除了在外貌方面需要有自己独特的记忆点之外，也要着重打造自己的人格魅力，毕竟在整形和化妆技术高度普及的当下，美貌并不是一种稀缺资源了。好看的皮囊千千万，有趣的灵魂却是万里挑一。

由此可见，想要成为优秀的主播，个性化才是关键！不能展现出自己最优秀、最独特的一面，谁会关注平庸的你？如果身为主播的你，只会机械性地放音乐，不痛不痒地说着没人愿意听的笑话，有可能吸引到粉丝吗？

1 不管难不难，都有必要打造IP

2 精准定位

3 突出自我，但内涵第一

4 具有“人无我有”的价值内容

图 1–4　打造垂直IP

1.不管难不难，都有必要打造IP

这是新媒体时代的基本要求，它不受主观想法和客观条件决定。就如同电脑时代，你必须学会上网，如果网上找不到你的公司或产品，你的处境就会相当艰难；移动互联网时代，你必须学会线上营销，你可以不在朋友圈卖货，但至少要懂得在朋友圈宣传。

所以，打造IP这件事，“要不要做”是一回事，“难不难做”又是另一回事，就看你如何选择。

2.精准定位

定位的时候，我们经常犯的错就是什么都想要，每个领域都想分一杯羹。但是往往你什么都想要的时候，什么都得不到。

在给自己IP定位时，首先需要的是独特。当别人说起你的时候，第一印象能想到你的特点是什么。

定位可以从个人兴趣出发，分享自己熟知且喜爱的领域，基于个人优势，这样会更轻松。而且是发自内心的喜爱才会持续挖掘探索，从而促进对外持续输出，打造个人IP。梳理和总结积累下来的知识、经验和技巧，从而推动自身思考，不断进步，使对外传播的内容更有质量、IP标签更深刻。所以分享自己喜爱熟悉的领域，无论是对外传播还是对自己都有价值。

3.突出自我，但内涵第一

流量时代，争出风头。越来越多的主播，不惜扮丑搞怪，以此渴望得到流量关注，但这类主播往往只会有“15分钟的辉煌”便销声匿迹。

很多主播都认为“唯有出格才能形成个性”，这是片面的。突出自我的目的，目的是展现出与别人不一样的一面，如果没有内涵做支架，那么这种突出只能是种行为艺术，别人会以“看小丑”般的心态看过即忘。如何保证在突出自我的同时保持内涵？想一想“手工耿”，他的外形具有鲜明的个人色彩，最重要的是他具备其他人不具备的内涵——制作各种道具，并强调这种道具是“完全无用”的。配合乡土味十足的视频，“手工耿”自然能做到一炮而红。

所以，想要形成自己的个性化标签，想一想自己最擅长的是什么，以及如何与别人形成差异化。做到这一点，再突出自我，你才是一个会被人记住的主播。

4.具有“人无我有”的价值内容

个人IP的内容就是你的标签，既然是你的标签就一定是属于自己专属的符号，“人无我有”的独特性。不仅对自身有利，而且对你的受众人群有帮助价值。我们输出的内容如果只停留在借鉴、复制上，那么大家都能做到。你的IP就会成为一个常规性的属性，没有办法形成你独特的壁垒。你的核心竞争力和内容决定你的IP。

我们以美食举例。对于食物来说是千人千味，比如螺蛳粉，有的人觉得香有的人觉得臭，你觉得它好吃的点和别人觉得好吃的点很难完全一致。哪怕两个同时觉得好吃的人，也会有不同的见解。也许你分享食物的见解和描述深受一批好友喜欢，他们认为你有自己独特的见解，你的描述能让他们瞬间联想到味道，让人愿意去尝试你分享的美食。如果一家小吃店，每个人都在分享，每个人分享的内容都基本一致，我想大家只会记住那家店，但不会记得是谁说的。

IP其实可以理解为一个人的风格。就像有些文章，你一看就知道是这个人写的，是因为里面有他自己特殊的风格。

要想别人记住你，你就得找出自己的特殊点，而且这个点要别人没有，只有你有。

尺度感：规避风险，在安全区内畅游

在直播带货行业的井喷式增长背景下，翻车事故也屡见不鲜，从李佳琦“不粘锅粘锅”事件到网红宣称“产品荣获诺贝尔化妆学奖”等“车祸”现象，都说明了在销量神话和巨大红利的背后，直播市场存在鱼龙混杂、虚假宣传等乱象。身处一个“全民直播”的时代，更要警惕直播带货中存在的法律风险，避免踩雷。

下面，我将对直播带货过程中可能存在的法律风险进行简要分析。

1.直播带货的法律风险

（1）产品质量保证与销售欺诈赔偿的法律风险

直播带货实质上属于口碑经济、诚信经济范畴，带货主播利用自己的影响力、知名度为产品背书，因此更应保证带货商品或服务的质量。根据《中华人民共和国消费者权益保护法》和《中华人民共和国食品安全法》的规定，若主播推荐、销售的商品或服务有欺诈行为的，应向消费者承担三倍赔偿责任，若涉及的产品违反食品安全标准的，则需要向消费者承担十倍赔偿责任。

此外，《中华人民共和国电子商务法》第三十八条规定：

电子商务平台经营者知道或应当知道平台内经营者销售的商品，或者提供的服务不符合保障人身、财产安全的要求，又或者有其他侵害消费者合法权益的行为，未采取必要措施的，依法与平台内经营者承担连带责任。对关系消费者生命健康的商品或服务，对平台内经营者的资质资格未尽到审核义务，或者对消费者未尽到安全保障义务造成消费者损害的，电子商务平台经营者也应依法承担相应责任。

（2）虚假广告宣传与不正当竞争的法律风险

根据《中华人民共和国广告法》相关规定，主播不得对其未使用过的商品或未接受过的服务进行推荐、证明，如果主播在明知或应知推销产品或服务有质量问题、涉嫌虚假广告等情形下，仍然进行推荐或代言的，则构成虚假宣传，需要承担相应的法律责任。特别是对于关系消费者生命健康的商品或服务的虚假广告，造成消费者损害的，广告代言人等应当与广告主承担连带责任。

同时，在推销宣传过程中的用词也应注意，《中华人民共和国广告法》明确规定了广告不得使用“国家级”“最高级”“最佳”等用语，因此在直播过程中要避免使用诸如“秒杀全网”“全网底价”“销量第一”“排名第一”等绝对化字眼，在商品介绍时也应该避免采用夸张性词语进行描述，或者采用对比其他商品进行诋毁等情形以避免不正当竞争。比如在食品推介中，在产品介绍部分不能使用绝对化的形容词或对效用、性能进行虚假夸大，否则容易导致消费者误解，可能涉及违法。

（3）相关刑事责任法律风险

主播直播带货过程中还极易触犯以下相关刑事罪名。对此，新手主播必须谨记以下刑事法律法规。

• 生产、销售伪劣产品罪。

如果主播带货的商品存在质量问题且达到一定销售金额的，可能构成生产、销售伪劣产品罪。

• 生产、销售假药罪。

如果主播在直播中宣传销售与国家药品标准规定成分不符的药品的，可能构成生产、销售假药罪。

• 非法经营罪。

如果主播未经许可擅自经营法律、行政法规规定的专营、专卖物品或其他限制买卖的物品的，或者采用刷单行为虚构产品销量和好评信息严重扰乱市场经营秩序的，可能构成非法经营罪。

• 诈骗罪。

主播虽未实施诈骗行为，但由于其宣传推广诈骗信息并导致他人财产损失的，则可能因推广诈骗信息而被认定为构成诈骗罪的帮助犯，而被追究刑事责任。

• 虚假广告罪。

如果广告主、广告经营者、广告发布者违反国家规定，利用广告对商品或服务做虚假宣传，情节严重的，可能构成虚假广告罪。

2. 直播带货的合规性法律建议

直播带货正成为时下最流行的商品营销方式，在快速实现流量变销量的同时，也面临诸多法律风险，需要包括商家、主播和直播平台等各类参与主体重视并规范有序地开展业务活动。

所以在这里我有以下几点建议给带货主播：

• 应遵守《中华人民共和国广告法》的相关规定，提前对商品或服务进行了解与试用，切实履行广告审查义务，避免进行夸大或虚假宣传。

·主播主要利用自身的人气和信誉带货，所以更应注重自身影响，重视产品生产销售资质与质量保障，避免因推销侵权产品或质量不合格产品承担连带赔偿责任。

·诚信经营，对直播的点击率、播放量、收看量、好评率等真实性负责，避免使用任何形式的不正当竞争行为。

·在传播正能量的同时，明确禁止“负能量”。主播必须在直播间里明确禁止“负能量”。除了平台规定禁止的各种情况之外，主播也要带头避免出现各种打擦边球的情况。对此很多主播不以为然，但要知道，打擦边球的情况会严重损害直播间的氛围，甚至会不断升级导致直播间违规。当然，主播偶尔说两个段子调动气氛并没有问题，但要注意控制节奏，及时将直播带回主题。

有才艺：秀出自己，颜值的破局之道

相信很多新人主播在自己的直播初期都有这种感觉：怕向粉丝展示才艺，怕自己表演的时候会手忙脚乱被粉丝嫌弃，怕丢失仅有的几个粉丝。想摆脱这种心态，却又不知何处下手的主播，一定要明白在卖货时，需要考虑粉丝的黏性问题。主播如果有一定的才艺，而且水准较高，能够在直播间恰到好处地展现出来，便会极大超出粉丝的预期，更容易受到粉丝的追捧和称赞，从而扩大和巩固自己的粉丝群体。

要想成为一名具有超高人气的主播，在才艺方面有突出的表现是不可或缺的。有着一技之长的才艺是主播得以在直播平台晋升的阶梯，也是其赖以生存的重要因素。

在直播平台上，才艺所涉及的内容多种多样，既有为人们提供娱乐服务的舞、乐，也有帮助提升个人素养的书、画，更有基于现代社会的发展而出现的各种竞技比赛，其中比较常见的有：化妆、乐器、游戏、厨艺。

在一般情况下，主播才艺水平的高低及其掌握的才艺种类都能影响用户的关注度。主播在某一方面有着惊人的才艺水平，或者是精通各个方面的才艺，那么，他就有了在直播平台发展的基础。

1.主播才艺表演的要求

（1）根据不同的直播内容

才艺水平高和广泛发展是主播获得关注的重要方面，然而，光有好的才艺是不够的，还应该选择一个好的才艺展示的角度和切入方式。也就是说，必须从受众的喜好出发，实现其与直播内容的无缝对接。当然，这可以通过直播内容的展现形式来实现。比如我们熟知的李佳琦，从欧莱雅的一名普通“柜哥”，一路走到现在成为当之无愧的“直播一哥”，除了其个人的努力和坚守之外，更重要的还是因为其对口红产品的熟知和出神入化的化妆技术。而李佳琦最初的确是靠美妆产品出圈的，他在直播中巧妙地将自己的化妆技术和产品结合在一起，最终才能实现爆火和逆袭。

（2）根据目标受众的不同喜好

通过科技的力量，主播可以很容易获知常驻自己直播间的粉丝群体的具体信息，比如年龄、地域、消费、喜好，等等。知己知彼百战百胜，在这种情况下，主播可以根据自己粉丝群体的年龄分布等，有针对性地表演自己的才艺。比如直播间内年轻人比较多，就可以经常在直播间选择一些时下流行的热歌和流行舞蹈，便于抓住这些群体的眼球，增加粉丝对自己的喜爱度。总而言之，主播在进行带货直播时，要时刻把受众放在首位。

2.主播才艺展示的方法

才艺的展示的确能给粉丝带来一定的惊喜。才艺水平较高的话，也不乏让路人转粉的可能。但是仅仅有才艺，而不考虑具体的展示方法，展示不当，反而会有卖弄的嫌疑，造成适得其反的效果。

（1）才艺展示要恰到好处

恰到好处的才艺展示，需要我们有敏锐的判断力，能够随机应变、灵活发挥，并在才艺与产品的结合方面下功夫。比如你唱歌很好听，达到了专业水准，并且口才很好，有一定的即兴创作能力，那你就可以在介绍产品的时候，巧妙地利用自己的音乐才华，用即兴唱歌的方式进行产品介绍，这不仅能瞬间吸引粉丝的注意力，还能更好地展现产品的特点，展现个人魅力。或者你跳舞很好看，身姿曼妙，而你正好是服装类主播的话，就可以在试衣过程中即兴为粉丝舞蹈，这可以在全方位地展现衣物特色的同时，展现自己的才艺。何乐而不为？

（2）才艺的创新结合

当我们巧妙地将几种才艺糅合在一起进行展示的时候，不仅能够展现我们的多才多艺，而且比一般的单一才艺更能抓住粉丝的眼球。

• 歌+×。比如一首歌曲，先唱后跳、先跳后唱或边唱边跳，或者将不同风格的几首歌曲剪辑到一起，唱、跳随意转换，这就可以体现表演者把握不同风格的能力，并展示多样的技能。

• × 技能+唱/诵。茶艺、书法、厨艺……都是氛围比较安静的才艺，在表演时也考验观众的耐心，为了更能吸引他们，建议此类表演可加上解说、唱歌、朗诵，让受众在视觉和听觉上都能感受到浓浓的诗意。变魔术也是可以的。刘谦的魔术之所以如此受到观众喜爱，很多时候是他的语言表演带动了气氛。如果你的魔术水平并没有那么高超，建议你多与粉丝互动，让氛围热起来。

• 结合当下电视上最流行的娱乐节目的形式来展现技能。

比如最近几年比较流行的节目《声入人心》和《声临其境》，你也可以模仿这些节目的形式，把两种唱法在一首歌曲中体现或表演一段音乐剧选段（唱+跳/演）。

但要谨记，才艺最终是服务于直播卖货的，选择恰到好处的才艺演绎方法，从而让直播的才艺内容更加丰富，最终让我们获得受众喜爱，实现直播变现。

案例　央视“段子手”朱广权的高水平带货模式

“烟笼寒水月笼沙，不止东湖与樱花。门前风景雨来佳，还有莲藕鱼糕玉露茶。凤爪藕带热干面，米酒香菇小龙虾。守住金莲不自夸，赶紧下单买回家。买它买它就买它，热干面和小龙虾。”

2020 年 4 月 6 日，著名主持人朱广权和李佳琦同框为湖北做“谢谢你为湖北拼单”公益直播。短短 2 个小时的直播，累计观看量超过 1.2 亿人次，两人不仅卖出了总价值 4014 万元的商品，还喜提新浪微博热搜第一。央视主持人朱广权直播过程里的妙语连珠，更是圈粉无数。他的带货文案可谓是“术语与段子齐飞，专业共幽默一色”。

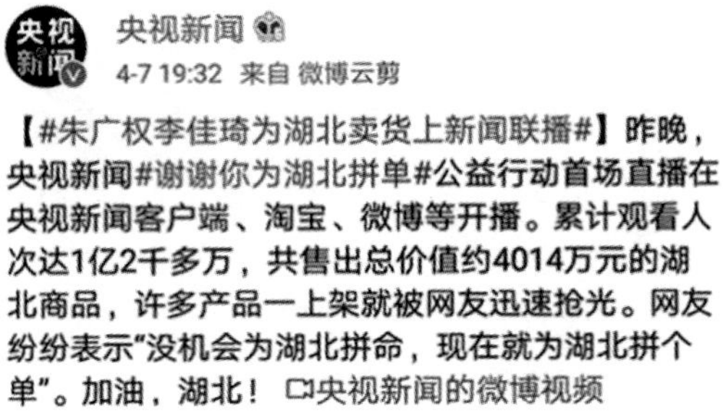

央视新闻

4-7 19:32 来自 微博云剪

【#朱广权李佳琦为湖北卖货上新闻联播#】昨晚，央视新闻#谢谢你为湖北拼单#公益行动首场直播在央视新闻客户端、淘宝、微博等开播。累计观看人次达1亿2千多万，共售出总价值约4014万元的湖北商品，许多产品一上架就被网友迅速抢光。网友纷纷表示“没机会为湖北拼命，现在就为湖北拼个单”。加油，湖北！ 央视新闻的微博视频

图 1–5　央视新闻关于朱广权直播的微博

朱广权的带货模式让人真正见识到了什么叫作有文化。总结来说，朱广权的高水平带货有以下 5 个显著特色。

1. 自带流量的强强联合

现在这个时代，流量为王，流量是一切经营活动的基础，关乎人气和口碑。朱广权，人称“央视F4”之一，行走的百科全书，主持界的万能词，新晋国际级的“段子手”。朱广权第一次被广泛关注是那句“地球不爆炸，我们不放假，宇宙不重启，我们不休息”，押韵搞笑的段子让大家看到了不一样的新闻报道，从此朱广权在“网红段子手”的路上一去不复返。朱广权是不折不扣的网络红人，自带流量。

此外，朱广权在微博上也很活跃，经常发粉丝给他P的图，还会转发粉丝的微博进行互动，凭借人格魅力吸引不少“老大粉”。

可以说朱广权自身已经足够有梗、有料、有流量了。还联合了“口红一哥”李佳琦，这个阵容足够吊起网友的胃口了，为火爆奠定了基础。

2. 令人上头的带货文案

模仿李佳琦带货语录：“OMG；不是我一惊一乍，真的又香又辣，好吃到死掉的热干面令人不能作罢，舌头都要被融化；赶紧拢一拢你蓬松的头发，买它买它就买它；天呐，运气好到爆炸，不光买到了，还有赠品礼包这么大！”

朱广权夸奖李佳琦：“佳琦颜值担当，眼里藏星辰，笑里带月光，看得你发慌，不买都得泪汪汪。”

朱广权卖热干面：“热干面初见是平淡的，不像其他食物一瞬间就能刺激你的味蕾，你需要不断地翻转它，细品它就能品出其中的滋味。这就是人间烟火气，最抚凡人心。来到武汉，有很多地方值得去转，漫步东湖之畔，黄鹤楼上俯瞰，荆楚文化让人赞叹，但是不吃热干面才是真的遗憾！”

朱广权卖鱼糕：“吃鱼不见鱼，不光是食品，还是大师级的艺术品。就像米开朗琪罗在晚年的时候，做出了‘未完成的完成’的艺术品，是对自己艺术地位风格的一种超越；多纳泰罗晚年的时候敢于做出丑的美；提香晚年创作出了黑暗的光明；贝多芬晚年作品有难听的好听……不见鱼的鱼同样是大师的意境。糕，实在是高！”

朱广权卖绿豆糕：“清热解毒湿气，口感清爽不腻，组织细润紧密，又对身体有益。用你的先知先觉，启发人的后知后觉，然后让大家下单的不知不觉！”

朱广权的直播带货文案有3个特点，一是押韵，二是与产品契合，三是字里行间流露出的文化底蕴。网友笑称这场直播为“文化带货”。

3.“段子手”

朱广权一上来就忍不住开始说段子：“直播带货我是第一次，初来乍到，技术不高，手艺不妙，请多关照。今天我命由你们不由天，我就属于佳琦直播间。”

提醒大家抢鸡爪的时候，他会说：“鸡爪产地荆州，关羽大意失荆州，大家不要大意失鸡爪。”

朱广权调侃手语老师：“手语老师连夜买票走了，还是买的站票。”

朱广权卖茶：“我非常喜欢喝茶，因为今天和‘90后’一起直播，没好意思把茶杯带来，怕大家看见里面的枸杞……”

4.“小朱配琦”的反差萌

人们对反差萌是有迷恋的。比如一个平时严肃的人偶尔搞笑，平时精明的人偶尔犯蠢，人们往往不会嘲笑，反而会认为这种行为能增加迷人程度。而两个截然不同的人有时也会构成反差萌。

这场直播两个主播的反差萌也是一大亮点。

第一个反差萌是两个人的直播风格。朱广权有自己鲜明的主持风格，句句听起来有意境，实力劝学。而李佳琦更轻松自在，互动性更强。

第二个反差萌是朱广权自己。朱广权是第一次直播带货，对一些直播技巧不太熟悉，李佳琦会隔空教他如何让镜头对焦手中的产品。朱广权手足无措的样子与平时大相径庭，让网友大呼可爱。

5.真实接地气

在长达两个小时的输出“金句”后，直播一结束，说完了那句熟悉的“大家再见”，朱广权摘掉耳机，一下子瘫在椅子上，伸着舌头喘气的表情，既接地气又真实，让观众们倍感亲切。于是当晚，朱广权的表情包就冲上了新浪微博热搜，达到了良好的营销宣传效果，大家纷纷期待朱老师走上主播岗位。

有网友评价说，李佳琦仿佛一个上网课的学生，听老师既卖货又科普历史文化知识。现在做直播的人越来越多，如何在价格和选品之外，打造主播的个人魅力，朱广权算是一个非常好的示范，带货、科普两不误。而朱广权的带货法门总结起来其实很简单，只有三个字：多读书！

第 2 章

一样话百样说，受欢迎的 7 个习惯

一样话百样说，会说话的主播更受欢迎。

说话的目的在于交流。不管是人情话、赞美话、批评话、委婉话，不同的话用不同的方式去说，才能达到恰如其分的效果。

针对不同的人、不同的事，我们要采取不同的说话方式。如果一个主播的沟通能力存在障碍，不仅无法与粉丝进行有效的沟通，而且在介绍产品的时候也无法抓住产品的关键点进行描述，不能准确地传达想要表达的信息。

清楚表达：避免对方进行过滤式解读

在直播中，需要主播长时间地与粉丝进行交流，因此主播的沟通能力至关重要，而清楚的表达能力是成功沟通的关键。

我们可以从下面几个方面来提高我们的表达能力。

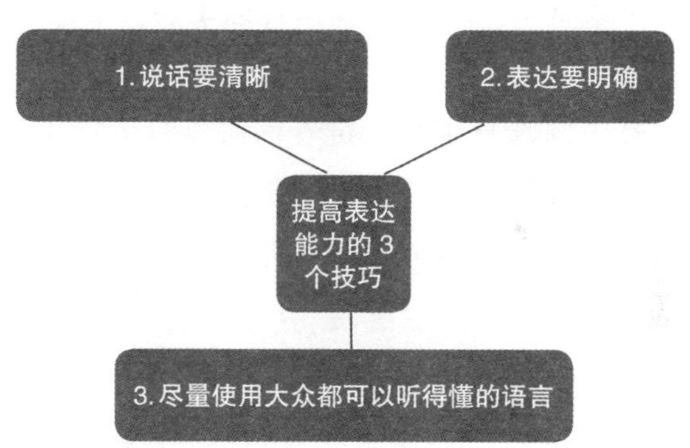

图2–1 提高表达能力的3个技巧

1. 说话要清晰

“我不知道几个，啊，不管……”

看到上面这句话，你能明白这个主播在说什么吗？这恰恰是很多主播身上都有的问题：说话含糊不清，很难让人明白他到底想表达什么。也许在生活中，我们说话含糊一点没有大碍，但是面对天南海北的网友时，说话过于含糊就会留下不尊重人的印象，还会显得自己说话没有底气，好像要赶快把话说完、免得露怯一样。

所以，主播要做的第一件事就是说话一定要清晰，让人家一听就明白你想表达什么内容。如果主播在直播时频繁地使用“嗯”“啊”“呃”这样的语气词，会让人非常反感，恨不得立刻退出直播间。

2.表达要明确

表达确切是指表达的内容要准确清晰，不要模棱两可，而让对方好理解。语义模糊会对听者理解自己的意思造成极大的困扰。

比如当一家公司在采购一批货物时，需要调整货物价格，货物价格调整会导致原来的合同失效，需要重新调整合同单价。

一名员工向项目主管审批合同时，对主管说：“领导，这批货由于价格变动，需要重新做系统。”可是领导没有审批合同，这名员工又跟她沟通了数分钟，依然没处理。随后，领导跟另一位同事打了电话，短短半分钟，就同意了合同的审批。

为什么第一名员工向领导申请和打电话沟通此事，领导并没有同意，而跟这名员工的同事经过短暂的沟通后，就同意了合同变更呢？原因在于第一名员工的表达并不确切。

在这名员工的概念中，重做系统仅仅指变更货物价格，不涉及原料的重新入库。而在主管的概念中，所谓的重做系统不仅包括了价格的变更，而且还涉及货物的重新入库，一旦货物发生真实的重新入库，极有可能导致库存系统出现问题，比如一批货入库两次。这就是主管没有审批合同的原因。

实际上，这名员工应该用更易理解的方式说明自己的意思。

3.尽量使用大众都可以听得懂的语言

无论主播选择哪一种说话风格，除非有特别的主题要求，都要尽可能使用大众都听得懂的语言。过于频繁使用专业词语，不但不会给粉丝们留下专业的印象，反而会让他们认为你不接地气。

“今天我们做这款笔记本的拆机。这款笔记本的central processing unit 是第十代架构，它的执行指令execute属于……”

如果一个主播以这样的语言介绍电脑的CPU，试想除了专业研究计算机的人，谁还有耐心看得下去？

直播时代，每一个人都是观众，他们的学历、人生阅历参差不齐，除非我们仅仅定位“服务于某个小圈子”，否则不要频繁地使用太专业的语言，这样说出来的话不仅让粉丝听不懂，还会造成主播与粉丝间的割裂。

用户思维：站在对方角度思考，说话更稳妥

很多主播为了表现自己的口才或价值观，总是喜欢在粉丝面前喋喋不休。其实真正会说话、会推销的主播，不仅仅是拥有一副好口才，更重要的是能站在粉丝的角度思考问题，传递自己的想法，获得粉丝的认同，让粉丝觉得主播是在为他考虑。

1. 人称的运用

千万不要小看人称的运用，人称运用的好坏，直接关系到主播能否快速得到对方的认同。如果留心，我们会发现，在人际交往中，有些人聊天时总是喜欢用“你”“我”来表达，这样的人称代词会天然制造出距离感。

与之相对的，多说“咱们”“我们”却能产生一种“自己人效应”。所谓“自己人效应”，就是一种彼此影响下的心理现象。利用“自己人效应”，能在对方心里建立起归属感，主播的想法能比较容易地传递给粉丝，为后面的带货做铺垫。

只有主播用“我们”“咱们”表达时，才能够更好地体现出自己和对方是站在同一边的。就像一场网球赛，“我”和“你”属于球网的两边，而“我们”则是站在同一边的队伍。

2.强调对方的获得感

在直播的时候，主播要在话语间强调粉丝的获得感，让用户觉得你是真心在为他们着想。

如果能花更少的钱，买到更多的商品，无论是谁，都会忍不住下单的！

有时候，用户离下单只有一步了，犹豫无非就是觉得商品的价格、价值没有达到自己心理上的预期。

这时，通过强调获得感的方法，就很容易让用户下单。比如："这款面膜商品原价399元，现价只要299元，不仅直降100元，现在下单购买，还送你50张补水面膜，相当于花一份的钱，买到3份的量！"

当然，除了用赠品这样的方法外，我们也可以关注用户精神上的获得感。比如："这套裙子上身后，肚子上的肉就能被遮住，立马年轻5岁。"

通过这两种直播带货话术，用户内心能得到极大的满足感。主播再稍加引导，就很容易成交了！

此外，在直播间中，每次李佳琦和薇娅都会做一件事：就是询问工作人员产品还能不能加库存。"不能加吗？可以再沟通一下吗？"他们为什么要这么做呢？

其实，他们是为了获取用户的好感。有些爆款商品，很多用户都抢不到，心里难免会失落难过，这个时候主播去为用户争取补货，会让用户觉得主播真心在为他们着想，哪怕这一次没抢到，还会期待下一次，而不会心生不满，直接脱粉。

所以主播在卖产品的时候，要学会站在用户的角度去想问题，当你让用户感到你在关心他们，真心为他们着想的时候，他们会更愿意买单。

3. 强调共同点

强调共同点可以为粉丝营造一种场景，使主播自己的想法能迅速获得他们的认同。当然这样的共同点必须得有理有据才行，切忌无中生有，否则会适得其反。

图 2-2　寻找共同点的三种方法

那么，主播如何才能寻找出自己与粉丝间的共同点呢？

- 相似的经历。主播与粉丝之间需要进行积极的互动，而相似的经历会让互动变得更加顺畅。比如创业、求学、游戏经历等。

- 共同的关注点。信息时代让大众可以随时获取各种各样的信息，每个人对信息的关注点都不同，有的人喜欢八卦，有的人喜欢旅游，有的人喜欢追剧。共同的关注能够引发共同的话题，从而引申出相应的想法。

- 共同的爱好。爱好是引起共情的关键要素，这是因为爱好本身大多会贴上情感的标签，比如音乐与感性、读书与理性。

快速精准：在30秒内说出关键点

科学证明，人在心猿意马之前保持专注的时间只有30秒。因此，不管何时何地，面对何人，会面时间有多长，在30秒之内把话说清楚是实现沟通目的的关键。

产品介绍是最考验主播业务能力的一个环节。在有效的时间内将产品的信息高效输出给用户，并被他们接受是一项重要的技能。哪些东西会诱惑你，吸引你，迷惑你，催眠你，让你购买一件产品？答案是“钩子”。

所谓“钩子”就是专门为了吸引听众注意力而使用的语句或物体。当你观看电视，听广播，读报纸、书籍、杂志，以及观看广告牌的时候，“钩子”无时无刻呈现在你的眼前。

报纸总是使用“钩子”，它们被称作“大标题”。电视和广播也会使用“钩子”，它们被称作“包袱”。广告里也会使用“钩子”，比如好的土豆不一定能做出好的薯片，关键在于切片的方式；廉价的普通垃圾袋问题在于，放进去的东西并不能总是兜得住。

其实任何一款产品，都会有非常多的卖点。但是如果在卖产品的时候，把每一个卖点都讲通、讲透，客户密集的时间就会被均分。这样反而容易显得产品过于平庸，没有任何亮点，销售结果自然不会达到理想的状态。

比如你卖的护肤品，可以祛斑、去皱、美白、淡化细纹，等等。那么你在直播间里一直在重复讲解所有的功效的时候，卖点就不突出，没有可以让粉丝眼前一亮的感觉，就容易导致粉丝对你失去耐性。没有选择性，也没有非买不可的欲望，那最终就不会产生成交。

图 2-3　粘勾吊哑铃加一桶纯净水

李佳琦推荐产品的时候，最多只会着重讲解 1~2 个卖点。在展示产品时，会首先快速输出关键卖点。

但是在用力形式上会力图多样，减少观众的重复观感。他平均一个晚上要推荐 20 款以上的商品，每款商品只用 5~10 分钟的时长，要在力度上款款售罄，还要在形式上减少重复感，让直播变得有趣、好看。

比如亲自试用；讲解使用中的问题、技巧、小知识；让团队的小助理、其他同事配合做试验，用一些趣味的试验来展示商品的核心卖点，等等。

恰当称赞：投其所好，5分钟打动人心

一般来说，适度的赞美是人际交往中的润滑剂。它能拉近你和别人的距离，收获更多的友谊。有位伟人说过："赞美是照在人心灵上的阳光。没有阳光，我们就不能生长。"

回想一下在日常生活中，我们会遇到各种各样的人。仔细观察后会发现，有的人很受欢迎，朋友特别多；有的人遭人嫌，朋友特别少。这是为什么呢？

其实，每个人都喜欢听称赞的话，不管是哪一方面的能力，他们都希望能得到别人的肯定与认可。因此懂得赞美的人，是很容易受到大家欢迎的。

美国心理学家威廉·詹姆斯说："人类本性上最深的企图之一就是期望得到称赞。"渴望赞美是深藏于人们心中的一种基本需要。

赞美也是最容易被我们忽视的，能给予别人真诚赞美的人并不多，因为大多数的人不懂得如何赞美别人。我们把这种现象称为"赞美缺乏症"。

为何赞美别人如此不容易呢？

第一，人类的本质中有自私的一面，每个人最关心的是自己而非别人。放眼当今社会，人们都是在自己的生活圈内打转，对于自己的利益得失非常敏感，我们很少愿意真心赞美别人，其他人也一样不愿意赞美我们。

第二，从“赞美”这一行为的技术角度来说，多数人不懂得使用赞美的技巧，不懂得赞美他人的技术手段。尽管有些人也想给予别人一些赞美，但只是“心动”，而“行动”屡屡不能如愿。

第三，更主要的是很多人没有意识到“赞美他人”中包含的巨大效益，认识不到其重要性。

夸人是一门技术活，是讲究技巧和套路的。在生活中，我们常常可以看到这样的现象：同样是赞美，有的人能把称赞的话说到别人的心坎上，让人如沐春风；但有的人说出来，会让对方觉得很反感，甚至是觉得这个人虚伪、不真诚。

在直播中，主播可以从以下几个角度赞美粉丝。

1.称赞“外表”

在直播的时候，主播最容易看到的就是粉丝的头像、昵称、表情包等“外表”。从这个点出发，能比较容易地找到值得赞美的部分。尤其是昵称和头像，常常能反映出一个人的审美能力和价值观，也是粉丝会引以为豪的地方。

例如主播用了自己的宝宝的照片做头像，主播就可以赞美道：“你的宝宝好萌啊，这是要让我结婚生娃的节奏吗？”这句话随和亲切，并不刻意。

2.称赞价值观

随口表达的想法，经常代表了粉丝内心深处的价值观，这也是他们言谈行为的原动力。每个人的价值观都是不同的，主播从此处入手进行赞美，很容易被粉丝视为知己。

主播经常会在直播间讲一些热点的社会现象，在粉丝表达某个观点后，主播可以说“你总是这么乐观，充满了正能量”“我最近也开始注意养生了，可能是受你的影响吧”等。这些称赞都能让粉丝感觉到自己被认可与接纳，对主播的好感也会增加。

3.称赞能力

主播在和粉丝互动时，不妨多挖掘粉丝的个体特点，找到其特长，再予以夸赞。例如有粉丝在直播间聊天时，随口说了句自己晚上给家人做了好几个菜，有荤有素。此时主播可以顺着这个话题往下聊，然后夸“年轻人有这样好的厨艺，真是好厉害”！这样，其他粉丝也会纷纷受到鼓舞，聊起相关的话题，直播间的气氛也就会活跃起来。

类似的还有工作能力、说服能力、生活能力等，主播都可以结合直播主题，坦率地加以称赞。

对粉丝适当的称赞，要避免以下几点：

第一，语言夸张，言过其实。真诚的赞美，同时也是朴实无华的赞美。由于感情是自然流露出来的，所以没有虚化的修饰成分，恰如其分，让粉丝能轻松愉快地接受。

第二，没话找话，牵强附会。有些主播在赞美粉丝时，总是说一些大话空话，不着边际，令被赞美的粉丝摸不着头脑，甚至哭笑不得。这些主播多半对粉丝并不十分了解，却想千方百计取悦粉丝，博粉丝的好感，因而采取了这种空洞无物的赞美方式，其结果必然是糟糕的，也容易被粉丝识破。

第三，人云亦云的大众化赞美。这种赞美没有令人心动的真诚，也没有一点新意，单调古板。不能引起粉丝心理、情感上的共鸣，反而暴露出主播虚伪的一面。

高效回话：打比方作对比，更具感染力

抽象思维和形象思维对沟通都很重要。抽象思维不好的人很难把握对话内容的实质和要点，形象思维不好的人则很难让对方听懂自己的意思。用打比方作对比的方法说话，可以化抽象为形象，令对方领悟。有对比就会有优劣之分，而消费者在进行购买的时候，往往会偏向购买更具优势的产品。

1.打比方：形象具体又有道理的话

主播在讲解商品的时候，要善于运用比喻修辞，为用户营造画面。让观众在摸不到实物的情况下，对产品产生实质性的联想，对产品功效产生信任，从而下单购买。针对不同的场景和不同的产品特性，主播要灵活应对。

提起李佳琦，他创下的几万只口红秒光的销售记录前无古人，后面有没有来者，我们不得而知。为什么他的口红能卖得好？让我们来看看他直播时候的话术。

“嘴巴像打了玻尿酸。”“让皮肤像开了美颜一样。”“护手霜中的爱马仕。”“让皮肤像剥了壳的鸡蛋。”“涂上这口红，嘴巴像钻石一样闪闪发亮。”玻尿酸、开了美颜、剥了壳的鸡蛋，这些都是用户很轻易能理解的东西。

再比如李佳琦在介绍一款化妆棉时说：“这是化妆棉中的爱马仕。”通过类比，观众马上就能理解到这款化妆棉在同类商品中是处于高端位置的。

用户就是上帝，主播讲得再专业、再动听，用户不懂就白讲了，而做类比可以简单快速有效地让客户了解产品的特色，同时也能降低用户的理解成本。

2. 做对比：差异化感受产品优点

能进入直播间的用户几乎都是潜在的消费者。因此作为主播的你，只需要添“柴”，将直播这把火烧旺一些，带动氛围，让用户掏腰包。这其中的一把“柴”就是对比。

通过对比，能够让用户更具体、更形象地感受产品的优点。比如罗永浩在介绍小米“巨能写”中性笔的时候，文案是“3.92毫升，是普通笔芯的6倍”。直接将小米的笔和普通的中性笔大小进行对比，突出其因含墨量多，所以巨能写的特点。并且，为了直播间的观众更形象地感受到“是普通笔芯的6倍”的特点，罗永浩还直接在直播间给出了真实的对比画面。

图2-4 普通笔芯与小米“巨能写”中性笔对比

李佳琦则会不断地重复强调直播间的价格优势，“免费赠送”“× 折”等重点词会被数次提到。比较差价时，他会将产品平时的价格和直播间的价格列在一起，直观进行对比。

在直播间加入对比时，需要注意 3 点技巧。

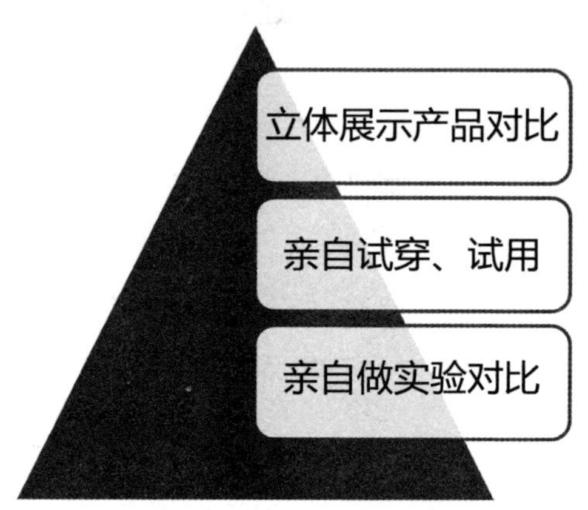

图 2-5　产品对比的技巧

（1）在直播中立体展示产品对比

有些主播在进行对比时，往往只是将两个产品放在手上或镜头前，给用户平面的对比。事实上，这样的对比与传统的淘宝购物依靠图片文字来吸引用户没有太大的区别。既然选择做直播，就要突出直播的优势。主播在对比两个产品时，一定要立体呈现，比如多方位、多角度展示自己的产品和对方的产品，最好两个产品同步对比，这样更能显现自己的产品的优势。

（2）亲自试穿、试用产品

在直播中最好的对比方式就是主播的试穿或试用。尤其是一些服装、鞋帽、化妆品，主播亲自试穿，然后在镜头前面“走动”，这样能很好地体现产品的优势，也能让用户更放心产品的质量。

（3）亲自做实验对比

让你的产品在直播中通过对比呈现出优势，其中的一个方法就是亲自做实验。比如你是卖防水背包的，为了展现你的产品防水、无褶皱、便于携带，可以在镜头前亲自将自己卖的包和其他包做倒水揉搓实验来证明自己产品的优势。

能说会道：滴水不漏的 5 个说话要点

直播的时候有成千上万的网友在关注着主播，因此主播说话时稍有不慎就会被粉丝发现漏洞。就连薇娅、李佳琦这样的头部主播都曾因言语不慎而被网友声讨过。

一句话能成事儿，一句话也能坏事儿，想要有好人缘，善于交际的能力不可或缺！情商高的人，往往掌握了以下 5 大“滴水不漏”的说话技巧，避免了祸从口出！

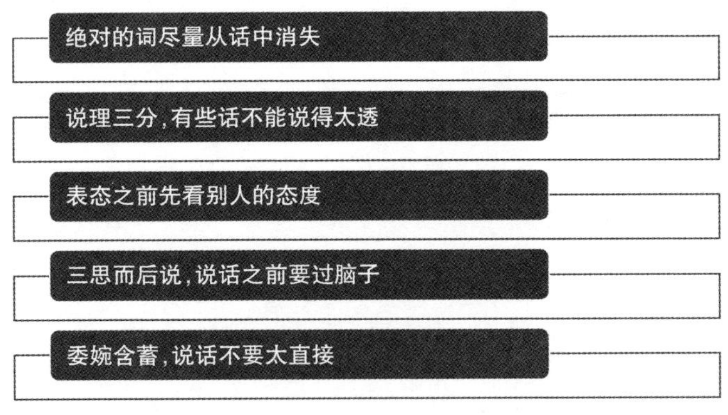

图 2–6　滴水不漏的 5 个说话要点

1. 绝对的词尽量从话中消失

这是把话说得滴水不漏的基础，比如“绝对怎么样、一定如何、没有万一、我敢保证、出了问题你来找我”等这些绝对化的词语，要从主播说的话中去除，因为这是主播说话出纰漏的最大根源所在。

为了促进销售，很多主播在带货的时候，都会信誓旦旦地给予用户承诺。但是研发的专家都不敢保证某个产品对所有人都有效，更何况是主播？如果粉丝用后发现根本达不到效果，自然会对主播的人品存疑。所以，说话的时候不能把话说得过于绝对，要给自己留有余地。

一般来说，语言准确可以完整无误地表达自己的想法，但对于不同的事物，大家的观点不相同。比如，中国人喜欢用“沉鱼落雁，闭月羞花”来形容女子的美貌，可以让人产生美好的想象，回味无穷。但如果是要描绘女人的眉目耳鼻及身材，就很难达成共鸣，因为每个人的审美观都是不一样的。

模糊性语言最适宜解决一些尖锐的问题，给对方一个模糊的答案，多用一些“似乎”“看来”“或许”“大概”之类的词语，让语言保持弹性，效果会很好。当然，主播也要注意场合，不能一味地追求语言的模糊，这样就容易沦为故弄玄虚，或者被用户当成随意的敷衍。

2.说理三分，有些话不能说得太透

做人不能锋芒太露，太露容易招惹灾祸。真正情商高的人，说话总是含蓄的，明明占理十分也只说三分，得理也让人。

所谓“说理三分”，其实是一种高情商的说话技巧：你若有理，聪明人一点就通，不用十分，三分就足够了，没有必要画蛇添足；如果碰到蠢人或死脑筋的人，你说再多也没有用，又何必执着，不妨只说三分，剩下的让对方自己去慢慢悟，效果反而更好；至于蛮不讲理的人，你即便讲上十二分，也是对牛弹琴，那又何必多说。

所以在直播间，主播要避免与粉丝直接“互怼”，最好的方法是直播结束后，私信粉丝，巧妙地指出粉丝的错误。

3. 表态之前先看别人的态度

主播说话出现问题比较多的地方，是在还不知道别人态度的情况下，就先表达了自己的态度。所以主播必须养成先听别人说的习惯，然后有针对性地表达自己的观点，或者根据别人的态度来表达自己理解的程度。

4. 三思而后说，说话之前要过脑子

古人说三思而后行，说话前也应该做到三思而后说。将你想说的话过一遍脑子，想清楚这话该不该说，说出来会有什么效果，是会让人生气，还是让人开心，是会得罪别人，还是会温暖人心……斟酌好了，才能把话说得滴水不漏，才是一个具有高情商的成熟之人。

5. 委婉含蓄，说话不要太直接

情商高的人知道有些话是不能说得太直接的，委婉含蓄是他们最常用的话术技巧。没有人喜欢说话太直接的人，因此情商高的人，即便是不同意对方的观点，即便是想要拒绝对方，也会先倾听对方的真实想法，然后用比较真诚而含蓄的话语婉拒，并尽可能给对方提供其他的帮助。如此，既坚持自己的原则，又不会让对方太过难堪，其积极效果不言自明。

针对性沟通：看人下菜碟的7种技巧

沟通是一门艺术。想要快速了解粉丝们想什么、抓住他们的心，就必须提升沟通技巧。直播不同于现实交流，主播必须在极短的时间内迅速找到粉丝的痛点，一招解决问题。

与不同性格粉丝沟通	与不同性别粉丝沟通	与不同年龄粉丝沟通
• 急性子粉丝 • 沉默型粉丝 • 较死板粉丝	• 男性粉丝 • 女性粉丝	• 年轻粉丝 • 较为年长粉丝

图2–7 看人下菜碟的7种技巧

1.与不同性格粉丝沟通时的技巧

（1）急性子粉丝

对于急性子的粉丝，主播在交流互动时要简洁明了、不拖泥带水，尽可能几句话就切入要害。例如，粉丝急于表达对某个口红的意见但语言啰唆，主播不妨直接替他总结：“您的意思是这款口红的颜色不适合自己，是吧？其实解决方法很简单……”

（2）**沉默型粉丝**

直播间里有很多粉丝都是“沉默型粉丝”，他们不喜欢留言，只喜欢围观。对于“沉默的大多数”，在交流时主播不妨做一些积极的引导，比如“没有说话的朋友们，如果你们觉得今天的直播还可以，打 1 哦，让我看到你们”。虽然多数粉丝依然不会积极发言，但会对直播间产生微妙的情感，愿意每天来围观。

（3）**较死板粉丝**

这类粉丝比较偏执，经常会在直播间与其他粉丝“抬杠”。甚至，他们都不会注意主播在说什么，就在直播间一个人喋喋不休。面对这样的粉丝，不要操之过急，先看看他的发言内容，然后告诉他:“收到，这一点我的确没想到，以后我会多学习，私下我向您请教。”其实，这类人想得到的就是别人的认同，主播可以让他暂停无休止的刷屏，私下与他闲聊，既会让他感到满意，又不会破坏直播间的秩序。

2.与不同性别粉丝沟通时的技巧

（1）**男性粉丝**

大多男性粉丝比较理性，所以不喜欢聊家长里短，而对时政新闻、体育赛事比较感兴趣。对此，主播可以找到自己偏爱的话题，比如篮球或足球等。

（2）**女性粉丝**

女性粉丝恰恰与男性粉丝相反，她们偏向感性，更关注娱乐、肥皂剧，时下的“小鲜肉”更是女性粉丝的最爱。对此，主播要做的就是了解女性粉丝感兴趣的各种话题，对热门影视剧保持关注。

但要注意的是，在追星这个话题上，主播一定要保持严谨的态度，避免在直播间引起战争。虽然这会为主播带来不少的流量，但也容易使直播偏离主题。

3.与不同年龄的粉丝沟通时的技巧

（1）年轻粉丝

年轻人有年轻人的圈子。年轻粉丝永远站在流行时尚的最前沿，如果主播不仅跟不上潮流，话题还十分老旧，那就会失去一大批年轻粉丝的支持。信息时代各种网络流行词层出不穷，昨天的流行词，今天可能就会显得过时，因此主播要善用网络流行词。

（2）较为年长粉丝

与较为年长的粉丝沟通时，要把握“多听少说”。一般来说，关注网红、热衷直播间的，往往都是年轻人，较为年长的不多，但一旦遇到这样的粉丝，最重要的原则就是“多听少说”。有时候这类粉丝甚至是我们父母的同龄人，他们阅历丰富、看待事情更加全面，所以我们要体现出对他们的尊重，多听少说，体现出自己尊长的美德，切勿急躁反对。

案例 薇娅直播间火爆带货的12个技巧

直播是口才的博弈，和传统销售一样，也有许多销售技巧。

下面带大家学习薇娅直播间火爆带货的12个技巧。虽然简单，但很有效。

1.收集用户需求

薇娅在直播过程会时刻保持和用户互动，像和朋友唠家常一样了解他们的顾虑，收集他们的需求。用户想要什么，薇娅就卖什么。

很多人表示薇娅就像哆啦A梦一样，什么都有、什么都卖，因此薇娅被大家叫作“哆啦薇娅”。据说，薇娅直播间出镜的东西包罗万象，从杯子、镜子、到背景里的灯饰窗帘。只要粉丝点名想要的东西，团队都会想办法找到商品上架。

除此之外，薇娅还会根据大家的需求和反馈，和用户建立强链接。亲切地称用户为“薇娅的女人们”，拉近和用户的距离，增强彼此之间的信任感。

2. 强大的供应链，注重选品

关于货源，如果是去谈供应商的话，考验的是主播团队的谈判能力及和商家的议价能力。薇娅团队有着很强大的供应链，这个是大部分主播没法比的。

短时间内很难培养一个人的议价能力。如果是商家自播的话，供应链的问题就不是问题了。除此之外，关于直播带货的选品，也是有很多门道的。比如薇娅的选品大多都是低客单价、高频购买适合囤货的商品。比如零食、保温杯、各种日用品等。很少去碰那些高客单价且决策门槛高的产品，比如车子、房子等。

3. 直播第一件事：抽奖

薇娅的每场直播开头几乎都是那句："话不多说，我们先来抽波奖。"而且，抽奖口令简单且具有标签性，比如"哆啦薇娅"；或者和节日相关，比如"愚人节快乐"；或者是和产品相关。

图 2–8　抽奖口令

用抽奖的方式吸引用户，活跃了直播间气氛的同时，还能让用户有一种参与感。这样固定的开场方式，无形中在用户心中打上了标签。对于老用户来说，即便抽不到奖也想去凑凑热闹。

如果你也设置了抽奖环节，建议你“加上一点条件”。比如“关注主播+引导刷屏666”，这样可以引导用户参与互动评论，快速提高直播间的活跃度！

4.预告所有产品

薇娅会先预告整场直播的货品，详细介绍其中受关注度较高的产品，告知观众具体的上架时间段，让用户做到心中有数，方便一些不能一直坚守在直播间的粉丝购买。有时候也会把最大的优惠进行“剧透”，提升用户的期待值，比如：“今晚有XX的爽肤水，还有XX的精华，不过数量都比较少，总共只有2000件，今天直播间会有经典款的秒杀价格……并且我们还准备上套装版的秒杀价，在这里和大家保证，我们‘双十一’都不会有这么便宜的价格了……”

5.扩大需求，提升客单数

将观众的“小需求”放大成需要马上下单解决的“大需求”，将不那么重要的“非必需品”演绎成不可或缺的“必需品”，将未来产生的“延时消费”渲染成必须立即下单的“即时消费”，这是考验主播能力的时刻。

大家知道，常年用牙签会造成牙缝变大、牙齿松动等问题，但这些问题不会立即出现，但说服一个常年用牙签的人改用牙线是无比艰难的，更别说让他们立即下单了。

在直播卖牙线时，薇娅使用“孩子模仿大人”的策略成功说服了观众，大意是：“你用牙签没关系，但孩子很可能模仿大人，养成不良习惯，导致受伤。”嘉宾维嘉更在一旁模拟使用牙签不慎流血的场景，引发联想，加深观众印象。

又比如卖纸尿裤的时候，薇娅会说："今天卖的××纸尿裤不是现货，就是一张消费卡，买来后可以把这张消费卡送人，在天猫或线下都能兑换相应的纸尿裤。"

6. 转折式惊喜，阶梯式优惠

薇娅的直播间促销逻辑是"转折式连续惊喜"。什么意思呢？直播时先铺垫产品有多好，再配合全网超低价！

薇娅还有一个典型的"优惠"技巧：阶梯式优惠。

"以洗衣凝珠为例，市面上卖79.9元两盒，在我们直播间79.9元两盒，再送两袋洗衣凝珠，但是我推荐你买两份也就是四盒，买两份送两盒，额外再送两盒，到手就是六盒。"

用户一下子买好几份才划算，这样就不小心掉进了"多买更便宜"的心理陷阱，实际上用户可能只需要一件就足够了。

7. 将"缺点"变成"优点"

薇娅播出的产品自己都有试用过，她向用户讲解产品功能的时候，会多维度地呈现产品的优缺点，让用户感觉很真实没有套路。

她不会夸大说产品适合所有人，而是会特别强调适合什么样的人、不适合什么样的人，她甚至还会把"缺点"说成是某类人群的"优点"。

举个例子，薇娅有一场直播卖花洒是这样说的："这个花洒的缺点是，它的水流有点点小……不过完全不影响，这种小水流特别适合女生，对皮肤很好……喷射式的花洒是'猛'水流，这个就比较适合男生用了……"

8. 推广商品有选择性

在薇娅的直播间，她会有选择性地选定自己的目标用户。比如在推广零食的时候，每种口味她都会打开试吃，然后根据不同的口味来推荐。

“不能吃辣的就不要下单这款了，可以试试左边这款孜然口味的。”

仔细看这段话术，虽然表面上是适当退步了，但是又给用户提供了另外一种选择。这就是为什么她的直播间能卖到断货的秘诀了。

再比如，她在卖一款化妆品冰箱时表示：“再贵的护肤品，没有冰箱来保存，产品里的活性成分也会流失。”以此暗示使用高价化妆品的观众购买。

9. 送送送

薇娅直播间的最大特点就是“送送送”。除了上面提到的直播开始时抽奖，每隔一段时间，她就会说，“我们来抽波大奖”。

从她的直播标题也能看出，例如“抽奖抽到手抽筋”“送手机”“送现金”“红包雨”等。通过不定期抽奖，吸引粉丝长时间待在直播间。

10. 限时，限量，限价

薇娅直播间的核心竞争力是“性价比”，并且还满足了限时、限量、限价三个特性。在直播间，用户会经常看到她团队中的小伙伴在抢，有时候就连她自己也在抢。同时再配合限时、限量、限价的相关话术：“半价都不到的优惠价格，只有在直播间才能享受到，今晚我的直播间只有XX

份，抢完就没了……”

薇娅会限制每款链接的数量，追求的是“尽量一次卖空+有可能补货”。这也是很多大主播的通用套路。基本上主播不会一次性上完所有的货品，先上一批商品让大家秒，这样一来商品很容易被抢空。每次商品被秒光了，薇娅都会问团队的人：“还能加货吗？”营造一种销量火爆的氛围。

11.买赠福利搭配

仔细看薇娅带货的商品，基本上有买赠的搭配。

这里分享给大家两个买赠搭配的小技巧：

付定金送礼品：只有先付定金的小伙伴才有机会获赠。可以帮主播留住更多有意向购买的消费者。

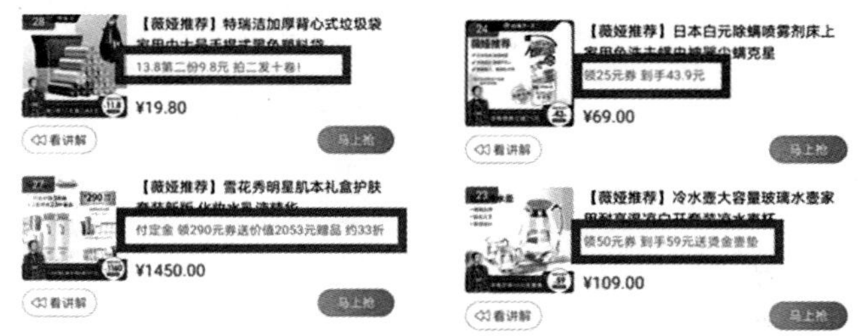

图2–9　买赠搭配

多拍加赠：拍两件发四包。只拍一件优惠力度小，多拍多送。可以很好带动直播间的销量！

12.打造真诚“人设”，唠家常式带货

不管是企业还是个人，通过短视频直播带货，要基于打造的人设去卖货，这样才能吸引到精准用户。

在打造人设时，可以根据主播的生活阅历、自身优势、

所处环境优势、自己的兴趣爱好来设定。

除此之外，薇娅在直播时讲得最多的词就是“老公”“女儿”“我妈”“婆婆”，让用户感觉主播在和自己唠家常。整个直播的过程让人很舒服，给人感觉很真诚，更愿意购买产品。

第 3 章

不冷场技术，快速提升直播效率

掌握 6 大技巧，
让你的直播不会冷场！

很多主播在刚开始直播的时候，都遇到过这种情况：不知道该说什么好，也不知道该做什么，脑子一片空白，久久不能正式进入直播状态，而这种状况会导致一些潜在用户群体的流失。

与其他行业一样，直播行业也离不开技巧和“套路”。直播是人与人沟通的艺术，并不是简单的才艺展示。主播要想受欢迎，就必须懂得如何维持和改善与粉丝的关系，更好地展示自我，赢得强大的支持。

开场：瞬间热场的5种方式

无论你精心准备的直播内容多么优质，如果没有一个好的开场，那么之前所有的工作都可能徒劳无功，因此直播的开场至关重要。开场是直播留给观众的第一印象，观众会在进入直播间后的1分钟内决定是否要留下来继续观看。平淡无奇甚至让人厌恶的开场，通常会让观众马上关闭页面，因此主播一定要做好开场设计。

很多主播在做直播的时候都会遇到这样的问题：直播间氛围不够活跃、直播间没有人说话、直播间观众零互动、直播间冷场留不住人，等等。

这里给大家介绍5种热场的方式，让你的直播瞬间“热”起来。

1.有技巧的“自说自话”

很多主播在做直播的时候，刚做完自我介绍就不知道怎么办了，这就叫“说不出话”。说不出话是直播的大忌！这意味着整场直播的可看性、商品卖点的表达上都会出现问题！直播间出现冷场，也是难免的事了。

从某种程度上来说，直播就是“自说自话”。直播热场就是主播的“自说自话”引起了观众的兴趣，做直播就是

图 3–1　开场的 5 种方式

一个自己在和另一个自己说话的平台。

在主播的粉丝和观众都不多时，为了“热场”，主播可以热情地和进入直播间的每个人打招呼，学会看名字识人，说一说自己今天经历了哪些有趣的事情，然后向观众抛出问题一起讨论。

2. 勾起用户的好奇心

人都有好奇心，主播可以利用这种心理来为直播间热场。有好奇心用户就会发问，问题越多，直播间的气氛就越活跃，场子自然就热起来了。因此，开场提问是制造参与感的好方法。

一方面，开场提问可以让主播更快地了解本场观众的基本情况，比如观众的兴趣、爱好，所处地区，对本次直播的需求等。另一方面，开场提问可以引导观众思考与直播相关的问题，为后面的内容做准备。

比如：“大家好，欢迎来到XX的直播间。不知道大家有没有遇到过这些奇怪的事情，当你不搭公交车的时候会经常遇到公交车，而你去搭的时候又会很长时间都等不到；当你烫了头发后会发现满大街都是烫了头发的人，而之前遇到的都是直头发的人；当你要找一个东西的时候怎么也找不到，不找的时候它自己就出来了……如果你也遇到过这些奇怪的事情，不妨在弹幕里打个‘1’。也可以说说你还遇到过哪些类似的事情，发个弹幕，咱们一起来讨论讨论。”

3.用数据说话

数据是最有说服力的。主播可以将本次直播内容的关键数据提前提炼出来，在开场的时候直接展示给观众，用数据说话。不过需要注意的是，数据必须真实可靠，否则会引发观众对直播真实性的质疑。

比如，一家影楼可以这样开场：“大家好，欢迎来到我们的直播间。今天我要告诉大家一个好消息，由我们婚纱摄影店举办的首届网络婚博会，今天正式开始了。以往我们拍照是这样计费的：一本相册 688 元，一个框子 588 元，一个摆台 188 元，一张入册底片 50 元，服装加一套 100 元，等等。最后加起来怎样也要几千元钱，甚至过万元。不过今天在我们网络婚博会现场，我们为您准备了一个惊喜。今天不用花 19999 元，也不用花 1999 元，只要花 999 元就可以拍婚纱照。有相册，有摆台，有框子，甚至还有外景。这个优惠套餐，能直接为您省去上万元，真的是太划算了！要怎么才能获得这个如此优惠的套餐呢？那就一定不要错过这次的直播哦。”

如果用户刚好对这个产品有需求，又听到以上这组数据，相信用户肯定会停下来看看这个 999 元的拍照优惠到底有哪些内容。

4.借助热点

互联网时代，人们接受信息的速度快、数量多，热点信息就是广大用户重点关注的话题。因此，在直播开场时，主播可以借助热点，拉近与观众之间的心理距离。

如果主播不知道找什么话题，平时有空可以多看看新闻，多关心时事，与时俱进。

5.提前准备有“嗨”点的音乐

音乐是烘托气氛的利器，而有“嗨”点的音乐，往往能在恰当的时候调动直播间的氛围，为直播间热场。就像我们去KTV唱歌，总是会先来一首“嗨歌”把大家唱歌的热情都调动起来一样。

因为来到直播间的粉丝年龄不同，所以我们需要定期对粉丝进行分析。根据粉丝的情况来决定在直播间是播放老歌金曲，还是播放当下年轻人喜欢的流行歌曲。

互动：活跃气氛的 6 招玩法

互动是直播的精髓，也是直播和以往传播形式最不同的一点，与主播进行实时文字对话可以提升用户的参与感。直播活动中增强互动可以保证流量的留存，也能保证直播活动的效果。而粉丝在直播间进行停留，才有机会进行后续的成交转化。那么，直播带货应该如何互动？又有哪些方法和技巧？

1. 提高对弹幕的关注度

粉丝进入直播间是希望能与主播产生交流，所以主播一定要对粉丝的评论给予正面的反馈。

比如有粉丝进入直播间时，主播可以这样说："欢迎××来到直播间，喜欢主播的点个关注哦。""欢迎××来到我的直播间，我是一名新人主播，可以帮我点点赞哦。"

核心关键是点出观众的昵称，让粉丝知道你"看见"他了，并对他的关注表示感谢，以此提升粉丝对主播的第一印象。初次进入直播间就被主播叫到名字，会让粉丝有受重视的感觉。如果粉丝太多叫不过来，可以有规律间隔性地点一下名，这样一来，忠实的粉丝被叫到的概率也大一点。

2. 积极回答观众问题

直播过程中，经常有很多观众对主播提出多方面问题，比如主播的穿搭有什么技巧？主播的妆是怎么化的？产品适用于哪些人？具体什么身高、什么体重的人合适？什么肤质的人可以用，等等。还会有人重复地问同样的问题，这个时候主播一定要有耐心，要及时回答，不要看不起观众的问题而不耐心回答，导致脱粉。

比如李佳琦会随时对观众的直播评论作出反应，并积极互动。无论是产品相关问题、优惠券、购买方式，还是观众的神奇小问题，都会立即解答。前几天，有观众对优惠问出“真的假的”时，李佳琦迅速表示“当然是真的，我骗你干吗”。

对于一些不当言论，例如骚扰类的问题，主播可以选择性不回答，并在直播间进行正确的价值观和言论引导。

3. 向粉丝提问、请教

除了及时回答粉丝提出的问题，主播还可以向粉丝提问来提升互动率，这也是一种不错的直播互动技巧。问问题的时候尽量避开开放性的问题，多问一些封闭性的问题，给大家举两个例子：

- 大家觉得橘色大衣好看，还是黄色大衣好看？
- 各位宝宝想要这件衣服吗？想要的可以刷 1。

人外有人、天外有天，有能力、有知识的人很多。如果遇到了一个答不上来的问题，主播可以向直播间的粉丝请教，让粉丝帮助回答，回答后可以适当回报一点奖励，提升粉丝的参与感。

4.发红包或抽奖

主播可以先用红包调动直播间氛围，吸引更多人进入直播间，然后再抛话题，让直播间活跃起来。主播还可以在直播间设置抽奖环节，在开场或中场都可以。如果是在中场抽奖，那就要在直播过程中进行多次预告，这样可以让用户多停留一段时间。

在直播间互动抽奖时，可以添加一些特殊条件。比如只有“加入粉丝团”的人才可以参与抽奖，这样可以在短时间内吸引一大波粉丝。

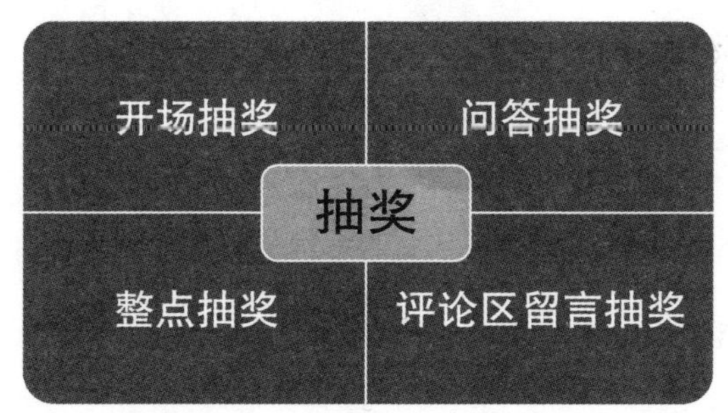

图 3–2 抽奖的 4 种方法

（1）开场抽奖

开场抽奖，即在直播一开始的时候就先发动一波抽奖，主要目的是让已有的观众帮助转发直播间，积攒直播间人气。

开场抽奖的奖品可以安排得大牌一点，诱人一点，这样才会吸引观众帮主播增加直播间的人气。

（2）问答抽奖

问答抽奖，即主播提问，观众问答正确即可参与抽奖。一般主播会问与直播间产品相关的问题，这样既能增强直

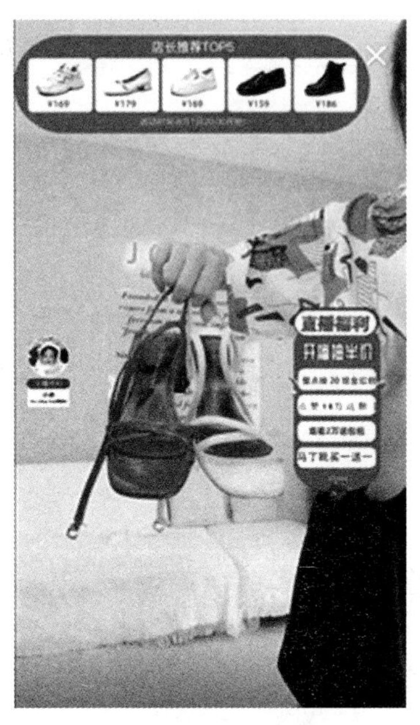

图 3-3　直播中的活动

播间互动，也能达到宣传产品的效果。

（3）整点抽奖

整点抽奖的主要目的是让观众持续关注直播，保证直播间的人气，避免观众在开场抽奖后就离开直播间。整点抽奖的奖品可以稍微平价，每次的奖品也可以不同。

（4）评论区留言抽奖

评论区留言抽奖，即让观众在评论区留言，主播进行截屏抽奖，这也是为了增强直播间的互动。除了红包外，主播可以用礼物的形式回馈观众，同样可以达到良好的互动效果。

5. 连麦互动

粉丝和主播的连麦互动，不仅有助于提升直播间的热度，调动直播间的氛围，提高粉丝的积极性，还会帮助主播塑造权威和专业度，增加直播间粉丝的活跃性。

连麦在一定程度上可以增加主播的人气。开始可以与自己等级差不多的主播连麦，慢慢就会有机会与大主播连麦。连麦做游戏千万不要担心输掉，其实输掉一场比赛可能会带来更多的流量，毕竟大家对“可怜的小可爱”还是很有保护欲的。另外，两个人连麦以后，还可以表演剧本，促进产品销售。

6.游戏互动

可以把在网上看的或自己平时听到的小谜语、脑筋急转弯抛出来，尽量要新颖有趣的。如果观众能参与你抛出的话题，你的目的就达到了。注意，不要出太难的谜题，如果观众猜不到答案会更尴尬。

当然，为了避免观众答不出来，你可以提前准备“水军”，帮你在评论区互动，调动直播间氛围。

表 3–1 效果较好的直播间游戏

序号	游戏名	游戏内容
1	词语接龙	主播PK、连麦或与粉丝互动都可以玩词语接龙，通常有主播起头说出第一个词语，然后开始往下接。比如：惊天动地，用户就要用“地”继续说，规定时间说不出来就要接受惩罚。
2	猜歌曲的名称	主播提前准备好歌曲，最好是伴奏。播放音乐，让用户猜歌名。猜对有奖励，猜错或在规定的时间内没有答上来的可以让他刷礼物或给他点惩罚。或者多人参与，先猜对的有奖励。选择的音乐最好是大家熟悉的歌，别放很冷门的歌。
3	你比画我猜	主播比画一个东西，观众猜。比画的东西可以是实物，也可以是虚拟游戏里的东西。主播可以降低难度做出提示，比如要猜的东西是干什么用的，或者和什么有关。这类游戏网上有很多题目，也有相应的游戏规则。

留人：
高人气直播间的 7 个技巧

你有没有遇到这样的情况：直播开场吸引了 3000 个人进入直播间，20 分钟后，直播间只剩不到 500 人，直播结束时，直播间的人数只有两位数，十分惨淡。

直播间是否能留得住人不仅会影响直播的人气，还会影响直播的收益。毕竟，没有观众的直播间，怎么会有流量转化呢？所以，主播要想办法把人留在直播间。

1. 固定直播时间

如果想要做好直播，那一定要固定直播时间，并且坚持每天开播，连续每天打卡直播可以增加账号的权重。

其实这一点很好理解，平台肯定喜欢将流量分配给更为专业的主播，因为专业的主播可以更好地转化流量。所以，尽量固定直播时间，让新关注你的粉丝知道你在什么时候直播，有哪些直播内容和福利。当他习惯了定时定点看直播，那么你就成功地留住了这个粉丝。

断播对于账号的影响比较大，断播以后会有一个明显的流量衰减期，所以大家一定要注意。停播两三天或一个星期，就需要花两个星期或更长的时间重新与粉丝建立信任，重新培养他们的上线习惯。

2.做好直播预告

预告虽短，但举足轻重。预告的好坏直接决定了你能否获得主题推广的机会，影响你能否获得广场扶优操作的机会，间接地影响直播间的流量，影响高质量顾客的回访机会！

发预告不仅是为了提醒下期预告时间，更重要的是帮助用户提前了解直播内容。一个能清晰描述主题和直播内容的预告，有利于平台挑选出好的直播内容进行主题包装推广及直播广场的扶优操作；同时，在预告中上传你在直播中要分享的商品，有助于对你的直播内容进行精准的用户匹配，获得更精准的用户流量。所以，千万不要小看预告的功能，只要运用得当，也能成为你“翻筋斗”的神器！

3.吸引人的直播间封面

封面图做得好，直播间流量提升少不了。说到封面图这个细节，有些刚接触直播带货的小伙伴们，都不会太留意，随性而做的图片传上去，在直播间里聊了半天也没有几个人进来，搞到最后还在纠结是不是因为没有投放推广导致粉丝太少。虽然各种原因都有，但封面图是其中一个非常重要的点。

首先设计封面图要配合平台的规则要求，包括尺寸大小、文件大小、分辨率大小。淘宝直播对封面图的内容就有比较多的要求，比如不能加标题文字，不能使用拼接图，不能加水印，不能用表情包，不能侵犯明星肖像权，等等。这些在平台上也会有相关说明，建议大家上传了之后，自己在平台上预览一下效果。

一张好的封面图包含以下标准：首先图片要清晰，上传到平台经过压缩后不能有噪点；其次光线要明亮，不能过于暗淡，鲜艳一点的图片总是会吸引人的注意；最后拍摄的主体要突出，主题要明确。

举个例子，推荐牙膏的时候把一支牙膏放到图片的右下角，正中间的位置却是一副雪白的牙齿，很容易让人误认为主播是牙科医生，而忽略了右下角的牙膏，这就是主体不清晰的体现。如果封面图中是主播拿着牙膏，那么也要凸显出来，能让观众一眼就看清楚那是什么产品，这样也能跟直播卖货的主题搭配。

4.话题互动

直播间的“黄金3秒法则”就是主播在3秒的时间内抛出一个吸引人的话题，留住观众。

比如：“下面我教给大家如何解决直播间闪进闪出的问题，飘过直播间的朋友想听的刷1。”当观众看到直播间有这样一个问题，如果感兴趣，就会留在直播间。

有趣的是，直播间的人气并非通过一组冰冷的数字就能表现出来的。看过直播的人都知道，进入直播间给予冲击力的是“弹幕”的数量，这更能代表当前直播间的热度。粉丝之间其实并没有那么统一的话题，这往往需要主播来营造氛围。不过要注意的是，话题也要遵守道德和法律。

5.举办粉丝活动

在直播社群爆发的今天，几乎所有的主播都有自己的粉丝群。主播可以在群里发布直播时间、管理粉丝活动，甚至与粉丝直接交流。线上活动的举办，可以激活粉丝的活跃度。例如在YY语音上和粉丝聊天、唱歌、打游戏，举办抽奖活动等，给予粉丝回馈，增强粉丝黏性，让他们自发为你进行二次宣传，吸引更多的人来关注你的直播。

接下来，就需要进行更高的一个层次——让粉丝更加熟悉彼此，成为现实中的朋友。

所以，为了打通虚拟与现实之间的隔阂，让直播社群粉丝的交流更进一步，就需要举办线下的互动活动。线下聚会能让粉丝和主播近距离接触。聚会的同时，企业的运营团队可以借机邀请粉丝试用新品，反馈建议，回馈粉丝，增加粉丝归属感和参与感。

6.有价值的内容

一个高人气的直播间，绝不仅是靠抽奖热场来留人的。不管是热场还是抽奖，这些都只是直播留人的“前菜”。有价值的内容才是主菜，能留住用户的核心还是直播内容。

用户观看直播的最主要的动机之一就是为了满足自身的某种特定需求。这些需求或是针对产品或是针对服务，或者只是为了娱乐。不论哪种需求，用户都想从直播中获取有价值的内容。比如你要让观众知道，你的直播间产品是不是超低价，性价比高不高，有哪些优惠，等等。

7.福利诱惑

利用各种福利、抽奖活动留住观众和意向客户。比如薇娅直播的标准开头“话不多说，先抽一波奖”。

除了开播之初，直播过程中剧透各种秒杀抽奖买赠都安排起来。大概 5~10 分钟重复提醒一次，用福利留住直播间的粉丝。

根据直播间粉丝人数的变化和直播成熟度的提升等，适当地调整和更新直播留人技巧和话术，给粉丝带来一些新鲜感，保持直播间的长期平稳发展。

故事：赢在会讲故事的 3 大关键

不要以为只有视频主播才会“红”，早在 2018 年，讲故事的主播就已经凭借“耳朵生意”收入百万了。有声主播紫襟，本名陶勇祥，粉丝称呼他为“纸巾”。他长期制霸有声领域巅峰榜，人称“有声界第一大V”。紫襟 2012 年入行，是喜马拉雅FM超人气王牌主播，声音带磁性，演播方式多变，擅长恐怖悬疑类小说，在喜马拉雅已获得 500 万粉丝，长期独霸全球华语博客巅峰榜。

紫襟的成功有其特殊性，但生动自如的讲故事能力，也是主播必不可少的。这种能力，是一个主播的软实力，是个人品牌具象化的载体，也是链接粉丝情感的纽带。

讲好故事可以把许多难题简单化，化解自己和他人的尴尬，增加直播的趣味性。不同的故事吸引着不同的人群，而且吸引人群的多少和影响程度也有所不同。好的故事能吸引更多人的关注，在受众心里留下的印象也更深刻；不好的故事则相反。但更重要的是，故事要和推进销售有关，要和主播正在推荐的产品的核心卖点有关。

要想将故事讲得生动精彩，主播应该做好以下 3 点：

1.情节要引人入胜

首先故事靠精彩的情节吸引人。平铺直叙，顺理成章，每一步的发展都在听者的意料之中，这样的故事很无聊；一波三折，扣人心弦，每一步的发展都出乎读者的意料，这样的故事才充满魅力。

比如李佳琦在某次直播中讲自己拿到了一个史无前例的低价：

> 我拿到这个价格之后，总部的大老板知道了，亲自打电话给中国区总裁说："不行，你不能卖这个价格，你卖了这个价格之后，我们以后怎么办？"
>
> 但是中国区老板说："那没办法，我已经答应了李佳琦，只能是这次卖完这个价格，以后再也不卖这个价格了……"

讲这样一个小故事，比起主播直接说直播间拿到了历史最低价更有感染力。

2.故事要和产品相关

主播在推荐一个产品的时候，可以结合这个产品讲述一个故事。主播李佳琦就很会深挖产品背后的故事，为大家传递产品的品牌特色及理念。

比如，李佳琦在讲解某牛仔裤品牌的时候，会讲述这个牛仔裤的品牌历史，以此来激发用户的兴趣，让用户对品牌产生信任；再比如有一次李佳琦在直播某产品的时候，讲述关于某品牌的故事，提到某产品在最开始是做私人定制的，给用户传递一种奢华的护肤品牌印象，达到给用户"种草"的目的。

3.注意细节

故事要有细节，细节更能打动人，让观众或读者身临其境。主播想说自己为了梦想付出很多，那到底有多少？经典的那句“你知道凌晨 4 点的洛杉矶，是什么样子吗？”一下就把人带入科比凌晨训练的情景中。

比如“有一天晚上，我迷糊地睁开眼睛，被子不知道踢到哪里去了，从枕头下面翻出手机，看到时间已经是凌晨 2 点了，我看着那个陌生号码……”讲到这里，很多粉丝都会好奇：主播到底接没接电话？后面又发生了什么呢？

在讲故事的时候，主播也可以融入吹拉弹唱，当主播拿起一把吉他讲述自己学吉他的趣事时，不妨随手弹奏几个和弦；当主播拿起一双舞鞋讲述自己在舞蹈学校的故事时，不妨随意跳几个动作。

需要注意的是，当主播面对的粉丝较多，或者彼此并不是很熟悉的时候，切忌讲太长的故事，这时候分享的故事应该是简短有趣的。当粉丝比较小众或彼此熟悉以后，再讲一些篇幅较长或内涵深刻的故事。

救场：摆脱尴尬的 11 种高情商表现

主播切忌骂人，更不能说脏话。如果遇到实在承受不住的情况，哭泣是比发火更好的选择。因为发火不仅无法证明你的强大，反而会让粉丝认为你没有素质，原有的粉丝也会离你而去。

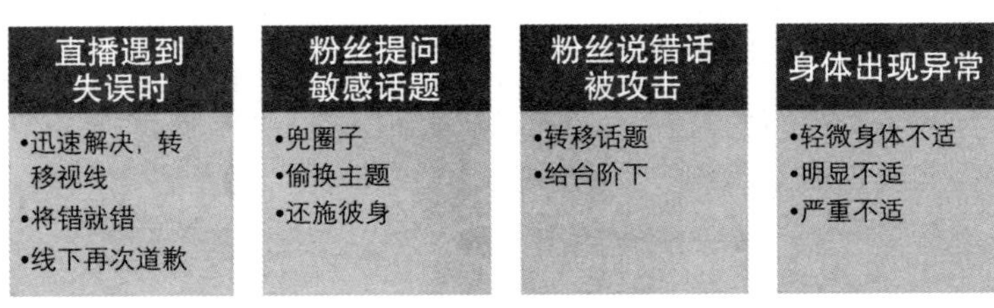

图 3-4 摆脱尴尬的 11 种高情商表现

1. 直播遇到失误时

直播遇到失误，几乎是所有主播都会遇到的场景。说悄悄话忘记关麦、忘了准备好的台词、说错品牌方的名字……

在一次湖南卫视小年晚会的直播中，杜海涛将赞助商的名字说错了，这可直接影响赞助商的宣传效益，直接跟金钱相关。何炅第一时间发现杜海涛的错误之后，连忙反问：“你确定是这个银行吗？还有没有其他银行了？”杜海涛又看了一眼提示卡，显得有些慌乱，何炅立马又打趣地说道：“给我重复三遍‘交通银行’。”

短短的几句话，何炅既提醒了杜海涛，给他纠正了错误，又给杜海涛找了一个大台阶。说完之后导播也非常及时地将画面切到沈梦辰那边，沈梦辰又说：“今早我还给海涛说我有那个银行的信用卡。”这么说给足了杜海涛面子，更给了他一个台阶。

高手主播可以在很短的时间内化解尴尬，随机应变，让一次事故变成塑造个人形象的机会。

那么我们该如何学习高手主播化解失误、灵活救场呢？

（1）迅速解决，转移视线

一旦发现失误，主播要做的第一件事情就是迅速解决。装成完全不知情并不是一个好的选择。视频直播的特点在于即时互动，大量的弹幕会短时间内刷屏，主播寄希望于没人发现，显然不是聪明的选择。

对于一些影响不是很大的失误，主播可以用幽默来巧妙化解，比如“哈哈，这是我故意的，我的小可爱们果然都有好好听我讲话呢”，然后再迅速转移话题，继续直播。

（2）将错就错

解决失误，主播最应该学习的人是湖南卫视的主持人何炅。何老师在主持界也是鼎鼎有名的前辈。2016年某品牌在水立方开发布会，不料一位老总在上台时不小心跌入水中，被现场工作人员救上来时全身还滴答着水，何老师赶紧说：“遇水则发。”巧妙地化解了这个尴尬。

（3）线下再次道歉

对于比较严重的直播失误，即使主播做出了有效的处理，但为了避免时间发酵形成互联网负面效应，主播还应该在直播后再次道歉。

以李佳琦直播带货某款不粘锅为例。起先，助理还面带微笑地将鸡蛋打在烧热的锅里，此时还一切正常。但接下来的一幕就令人尴尬了，凝固的鸡蛋可谓处处粘锅。此时，李佳琦还没意识到问题，还在一旁说“我们让阿姨煎个牛排吧”。过了一会，李佳琦才发现情况不对，他从助理手里接过铲子试图救场，并强调“它不会粘的，不会糊的”，但鸡蛋还是牢牢粘在锅底。

这件事发生后不久，李佳琦被邀请上了《吐槽大会》第四季，稳坐主咖位置坦然接受群嘲，并亲自背起了不粘锅事件的“锅”。

他以谦虚坦荡的姿态，公开回应了全网批判的不粘锅事件，解释说:“这款锅工作室已经试用过五个多月，并没有任何问题，但是直播中的锅是新锅，他们没有按照说明书流程使用，所以导致了这场翻车事故。”

最后李佳琦还补充一番:“不是锅的‘锅’，是我的‘锅’，我让这个锅背‘锅’了，对不起大家。”并表明以后还会继续推荐自己觉得好用的产品。

当主播在直播出现失误后，一定要及时对粉丝说明，陈述错误的原因，对粉丝坦诚相待，让粉丝感受到自己的诚意。含糊其词的道歉，不仅不能解决问题，反而会让粉丝觉得主播在敷衍，不满的情绪会更加强烈。

2.粉丝提问敏感话题

主播与粉丝的聊天看似欢乐，但在很多主播看来，或许更像是一场你来我往的见招拆招。这样的过程中，敏感话题是每位主播都必须面对的困局。

涉及隐私等敏感问题，主播要学会避开，顾左右而言他。

（1）兜圈子

有时候粉丝的问题过于尖锐，主播不想正面回答，就可以选择避重就轻，巧妙地兜圈子。一定要记住，此时含蓄往往比口若悬河更加可贵。

（2）偷换主题

面对难以回答的敏感话题，主播也可以绕开去谈其他相关的话题。比如婚姻话题可以变成闺蜜话题。

（3）还施彼身

粉丝提出敏感话题时，主播也可以将敏感话题还回去。面对“准备什么时候结婚”的话题，主播不妨直接回应，“你想娶（嫁）我吗？如果是你的话我会认真考虑哦！”

3.粉丝说错话被攻击

粉丝在观看直播的时候往往处于完全放松的状态，这时难免会有粉丝一时口快说错了话，导致直播间氛围变得尴尬。

此时主播应该怎么办呢？是当看客冷眼旁观？还是无动于衷，看粉丝在那边道歉？或是扮演英雄，救粉丝于“水火之中”？

如果主播选择冷眼旁观或无动于衷，不免会让粉丝觉得寒心。当粉丝陷入尴尬境地时，主播不仅没有帮忙解围，甚至在一旁看笑话或落井下石，这样的主播也不会有粉丝喜欢。

当粉丝因为说错话而尴尬时，如果主播能够巧妙化解尴尬，不仅能迅速获得粉丝的好感，还能让其他粉丝对主播刮目相看，何乐而不为呢？

（1）转移话题

在粉丝说错话时，主播可以主动转移话题，用一些轻松、愉快的话题来活跃气氛，缓和尴尬的局面。

（2）给台阶下

当粉丝说了不合时宜的话，主播也可以换个角度或找个借口，帮粉丝解释，让粉丝有台阶可下。

4.身体出现异常

多数主播几乎 365 天不打烊，每天都会定时进行直播。比如李佳琦，一年 365 天，他直播 389 场。每天坚持这么高强度的直播，身体不可避免会在某一天出现异常，导致直接翻车。

遇到这种问题该如何补救呢？

（1）轻微身体不适

如果主播出现身体轻微不适，不影响接下来的活动，那么可以引导粉丝观看视频或听歌，在这个过程中迅速调整，比如坐下来休息、喝水、吃药等。在直播前，主播及团队一定要做好应急方案，准备一些电影片段、个人电子写真集等。也许这种准备一整年都没有机会用，但是一旦出现紧急情况，它们就是救场的最佳选择。

（2）明显不适

如果主播的身体出现明显不适，可能会对接下来的直播产生影响，那么不妨试试中场休息，利用 5~10 分钟的时间调整自己的身体状态，缓解身体的异常情况。并与粉丝解释这件事情，如实说明身体症状，获得粉丝的理解。

（3）严重不适

当身体出现严重不适，无法继续直播的时候，主播应当说明情况、表达歉意，及时停止直播。如果主播有助理，可以让助理协助粉丝进行情绪引导工作。例如，让助理发布公告说明，表示本场直播结束。

此外，临时结束直播后，主播或团队一定要在社交平台及时说明原因，避免因粉丝的各种猜测影响自己的形象。

细节：主播易忽略的 8 大注意事项

直播就是对自己优秀一面展示的过程，也是对自己个人魅力营销的过程。在长达 3 个小时的直播里，主播不可能时刻知道摄像头对面的粉丝的关注点是什么。是看主播的美颜，听主播的歌喉，还是欣赏背景的布置，或者只是喜欢背景音乐。

当主播无法抓住每个粉丝的痛点的时候，就要做好每个细节，这也是成为高手主播的核心要素。打造个人形象不只是从大局着眼，更是从细微处积累。在主播圈里常常见到很多各种条件都不差的主播，但他们人气上不去，这就是细节做得不到位。

下面 8 个容易被主播忽视的的注意事项，是不是也被你曾经忽略过呢？

1. 流畅的观看体验

有许多直播，用户在观看的时候十分卡，甚至需要缓存，这与直播平台的服务器有关。因此，想要给用户一个良好的直播体验，首先要在视觉上给用户一种流畅的观看体验，这就需要有强大的服务器支撑。

主播在直播的过程中，应该注意直播的设备，保持好自己与设备的距离。不要忽前忽后，降低用户体验。

除了在设备技术上满足要求外，流畅的体验还表现在主播的临场发挥上。有些主播的临场发挥不好，在直播中说话断断续续，逻辑不清。在这种情况下，用户的观看体验就很不好，甚至有些用户还会关掉直播。

2.减少自娱自乐，适当互动

直播不是单向沟通，观众会把自己的感受通过弹幕发出来，并且希望主播给予回应。一个只顾自己侃侃而谈、不与观众及时互动的主播，通常不会受到观众的欢迎。

很多主播往往觉得只要自己的粉丝够多，就不必与粉丝互动。有些观众的问题得不到主播的回答，或者很久之后才得到回答，用户的耐心会被不断消磨，甚至导致用户取消关注。

抽奖、弹幕等作为浅层面的互动本身能吸引用户进入直播间，但想要更好地获得用户的喜爱，主播还应该进行深度的互动。主播可以在展示的同时与观众深度交流，比如回应用户提出的问题，让用户获得满足感。

3.衣品

所谓“衣品见人品”。在直播间里，主播的穿着打扮就能透露出他的个人涵养、生活方式、价值偏好等。

衣品是主播展示给观众的第一印象，但也是很多主播容易忽视的细节。

大牌货看起来奢华，但搭配不好可能会变成“地摊货”，也不一定符合直播间的风格。

有些主播在一开始很难找到适合自己形象和特色的衣服。此时，建议主播可以先模仿与自己风格相似的大主播的穿搭，等自己找到搭配的感觉之后，再慢慢调整，探索出适合自己的穿衣风格。必要时，主播可以邀请专业人士对自己的穿搭进行指导。

4.注意节奏，防止被打扰

直播进行中，网友的弹幕是不受主播控制的，部分观众对主播的指责、批评是无法避免的。如果主播过于关注负面评价，就会影响整个直播的状态。

在直播进行中，主播需要有选择性地和观众互动：对于用户善意的建议，主播可以酌情采纳；对于用户正面的批评，主播可以幽默化解或坦荡认错；对于用户恶意的谩骂，主播可以不予理会。

直播活动全场的掌控者是主播，因此主播必须注意直播的节奏，避免被弹幕影响，特别需要避免与部分观众起争执，从而拖延整场直播的进度。

5.了解粉丝等级

有的主播看到高等级的粉丝会兴奋，格外地热情。切记，主播可以兴奋但不可以有过高的期望。

高级玩家也是从小粉丝一点一滴养成的，一般都有自己心仪固定的主播，其他主播用心呵护出来的粉丝要在第一眼就能被你征服，这需要你有多么强大的个人魅力？而且你也不能确定今天到你房间的小粉丝以后会不会成为你的榜首。

因此，主播需要多发掘小号，争取把他们培养成粉丝，打造成自己的死忠粉。

6. 不能谈论引争议话题

这里的争议话题是指地域歧视、民族歧视、人身攻击等。另外国际形势、军事、金融投资等，没有资质也是不允许谈论的。

7. 不要太长时间离开镜头

一场直播下来，会有重要的事情让主播不得不离开一会儿，或者很长时间才回到镜头前。但是，视频直播就是为了看到主播，没有了主播的直播还有什么意义？用户就会选择去看其他主播。因此在直播前，主播要尽量把事情安排好。

8. 随手分享

主播不要只顾着在直播间做直播，更要养成随手分享的习惯，让更多的人看到你。

主播应该培养自己的分享习惯，平时无论是发微博、朋友圈，还是在其他平台互动，主播都可以把自己直播的链接分享出去，让直播链接在各个社交平台不断曝光，这样才能最大化吸收各路粉丝。同时发动自己的粉丝帮助自己宣传、分享。

为什么热门的主播直播间总是比较热闹？这是因为他们除了有丰富的直播经验，还不断有“新鲜血液”补充进来。

案例 带货之王李佳琦的8个销售技巧

“所有女生，你们准备好了吗？3、2、1，链接来喽！”

说到直播带货就不得不提李佳琦了。这个让“所有女生”乖乖买单的男人，究竟有什么魔力？

1. 亢奋的状态

一般情况下，李佳琦的直播在3~6个小时，全程语速较快，音量大，音调高，始终保持充满激情的亢奋状态。理性上，李佳琦没必要用那么大的音量来讲推荐词，毕竟带着领夹麦；但现实中，当每次看到他那么充满激情地卖力推荐时，相信你总会愿意多停留几分钟，其实有时并不是受到当前所售产品的吸引，仅仅是被他的激情所感染。

2. 塑造专家形象（意见领袖KOL）

很多人做重要决定的时候，都愿意参考专家的意见。所以让用户相信主播的专业水平，会让主播更容易卖出更多的产品。李佳琦精心打造的人设方向，就是一个美妆领域的专家。

李佳琦经常能给出美妆、护肤等领域的专业消费意见。

美妆BA出身的李佳琦，对于美妆护肤产品十分熟悉。从李佳琦“口红一哥”的主播人设到直播间的带货商品，无一不体现出直播间的专业度。用户一眼就能知道这是一个“彩妆专卖店”。

在推荐产品时，李佳琦不仅会指导粉丝如何根据自己的情况选择，还会从一个产品出发做同类别产品大讲解。

“双十一”预售直播，因为阿玛尼气垫一个单品，他将收集的全部气垫拿出，挑选自己最推荐的几个单品分别讲解。在卖护肤品时，他会告诉你“××成分是维生素的衍生物”，这样一来，大家就会知道原来这个产品的××成分是怎么回事。所以李佳琦直播间有个特点，就是看直播的人都会反映，整场下来学到了很多知识。并且李佳琦会把成分和大牌对比，告诉用户在含有一样成分的前提下，该产品比大牌便宜70%。

3.明星效应

明星同款是李佳琦经常用的话术之一，可以说是屡试不爽，很多人觉得自己用的是和明星一样的东西，很有面子。

此外，李佳琦经还常用明星效应为产品造势。当播报单品是当红明星代言或是同款时，他会在第一时间向观众提到这一信息。

4.自用款做保障

“李佳琦自用款”，成了这个直播间最多的推荐词之一。为了证明产品真的好用，他会使用类似“佳琦一直在用的产品”“我已经用10盒了，出差也天天带着”这样的表述。甚至会描述自己的亲身经历，比如自己这么忙，每天要工作 16~18 个小时，用XX护肤品效果特别好之类。

有时，李佳琦还会在直播间现场下单购买。这次“双十一”预售直播中，他便当场下单购入了一台芝华仕沙发。

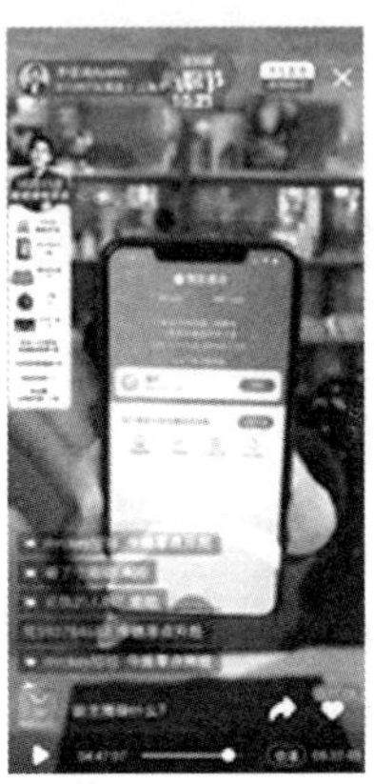

图 3–5　李佳琦在直播间展示自己的订单

“自用”的背后，是敢于压上自己的信用给产品担保，敢于拿出自己的皮肤健康给产品担保，更重要的是在表明“主播也是这个产品的使用者”的身份之后，接下来对产品的描述，更容易让观众把主播看在同一立场，同为消费者，更容易相信主播的描述。

在直播间里面，每天晚上我们都会看到，李佳琦在自己脸上试用，在小助理身上试用，在团队的同事脸上试用，在妹妹身上试用，或者在自己的妈妈身上试用，等等。这些都是在传递李佳琦对他所有出售的产品的信心，而这种信心，会换取客户的信任，最终转化成销量。

5. 营造消费场景

什么叫讲场景？就是描述一个商品使用的场景，把客户的思维带入到这个场景中，让客户觉得在那种情况下，有这个商品就会很方便。通过讲述的场景，调动客户的想象力，促成最后的转化下单。

虽然直播带货可以让用户直接通过屏幕了解商品，但是光靠主播的口头说明，用户很难理解到商品的价值。但如果主播能为用户营造一个消费场景，那么用户就更有消费的欲望和理由。所谓消费场景就是建立一个体验买单的情境。

当李佳琦卖零食的时候，会告诉用户买回家后放冰箱里冰一下会特别好吃，这时用户就开始在大脑里幻想这个东西放到冰箱里，会是什么口感？他还会植入场景，告诉用户千万不可以在看电影的时候吃，不然很快就会被吃光。

又比如他在卖墨镜的时候，会让用户想象一下，在夏威夷海滩上戴着墨镜的样子；在卖香水时，他会告诉用户是哪种粉红葡萄再加哪种柑橘的汁水，碰撞在一起的味道，你喷出来的不是香水，是汁水。

又比如在卖床垫的时候，他会说睡在床垫上就像睡在云朵上面，睡上去就不愿意醒过来的那种，这时用户就会幻想床垫到底有多舒服；卖洗发水时他也会说，洗完之后很轻盈，感觉发量都在变多，清爽到爆炸。

6.放大价格优势

销售都喜欢卖价格有优势的产品。为什么？好卖啊！但并不是所有人都清楚地知道价格的“低”是“比”出来的。善于给你的产品选一个参照物，可以放大你的价格优势。

李佳琦是怎么做的呢？

比如卖咖啡，他会对比咖啡店的价格；卖大牌化妆品，他会对比线下专柜的价格。这些参照物，都是同款商品在现实中价格比较贵的地方。用这些价格作对比，能更显著地展示李佳琦直播间的价格优势！当然，李佳琦经常会摆图显真相。

对于有些产品，并不是直接给出减钱的折扣，是采用赠品的方式来给予优惠。李佳琦会把所有赠品按克重，折算成线下实体店零售价，进行计算。让消费者觉得，不是给了几个小包装赠品，而是变现获得了史无前例的大力度折扣。

7. 节奏紧凑的销控

销控是人为控制销售的节奏，营造火爆销售的场面。一般情况下，他会控制直播间每次上架产品的数量，将一款产品分为 3~4 次上架，每次被抢完后再补货。同时李佳琦也会随时更新播报产品库存，“卖完了”“最后 5000 套，MM 们赶快抢”“抢完就没了”。甚至还会直播余下库存给观众带来抢货的紧张感。而这种火爆的氛围，可以带动很多有观望心态的观众下单。

“抢购”“稀缺”“过时不候”“数量有限”，这些都是在唤醒人大脑中关于安全的本能。“怕失去”“怕错过”的优先级，远远高于“这个东西到底对我有多大用”“这个东西到底划算不划算”这类的理性思考。所以，饥饿营销的优势就体现出来了。

8. 语速快

李佳琦 15 秒就可以卖出 15000 只口红，一定要归功于他的语速，语速快是李佳琦直播的一大特点！

直播的语速里究竟有什么奥秘呢？一般人的正常语速在每分钟 80~160 字左右，李佳琦 20 秒 100 字，也就是每分钟可以说 300 字，远超正常语速。

一方面直播间的每一秒都是钱，语速快也是为了多展示一些产品。另一方面，语速快会让听众高度集中注意力来听李佳琦的内容，不会因为语速慢被转移注意力或增加思考的时间，从冲动到理性的后果就是不消费，因此语速快也是销量高的秘诀之一。

李佳琦的直播间有一个新的特点，即在直播间加入很多戏剧化的东西，有时候像在看综艺节目，比如他现在会在直播间里“怼”小助理，其实就是戏剧冲突，甚至还会在自己的直播间里策划一些事件，比如说小助理昨天报价报错了，来给大家道个歉。

第 4 章

步步为“盈”，高手主播的销售技巧

**一次成功的销售，
不是一个偶然发生的故事，
而是一个销售人员知识和
技巧运用的结果。**

对主播来说，销售技巧是必须掌握的，如何讲解，如何带货，如何成交，如何制造“饥饿感”，如何帮助粉丝解决问题……

没有销售知识和技巧作为根基的销售，只能视为投机，无法收获更多成交。销售前的充分准备和销售现场的灵感结合的力量，往往能瓦解顾客的各种刁难，使销售获得成功。

直播选品：选品不对，全都白费

直播带货，离不开三个要素：人、货、场，即直播带货的人（主播、助播等直播人员）、直播带货场（直播间设备、直播间打造）和直播带货的货（产品）。

图4–1 直播带货必备三要素

看过李佳琦、薇娅直播的朋友都知道，这些大主播带货，产品种类非常丰富。例如李佳琦，在一般人的印象中他就是卖美妆产品的主播。其实不然，李佳琦也会卖零食、卖家居用品等。那是不是表示，我们直播时想卖什么就卖什么呢？当然不是。

“李佳琦们”带货产品种类丰富，是因为他们本身已经积累了非常庞大的粉丝群体，打出了知名度。不管卖什么产品，总有人买账。但如果你只是一个名不见经传的小主播，就不能这么“任性”了。如果直播带货人和场都到位，但产品没有到位，那么这场直播就可能打水漂。

卖东西，首先要有产品，那么多产品选什么品类最好卖，这是一项几乎可以决定商家一场直播赚钱或赔钱的重要决策。那么，直播带货产品怎么选？

1.选择高热度产品

与发视频蹭热点的逻辑一样，直播带货产品的选择也可以蹭热度。例如端午节要吃粽子，中秋节要吃月饼；夏天时的小风扇、冬天的暖手宝；或者是当下某个时间网红、明星带火的某款产品，都是我们可以蹭热度的产品。

不管用户需不需要这件东西，一旦用户对它们保持高度关注，就算不买，用户也可能会在你的直播间热烈地讨

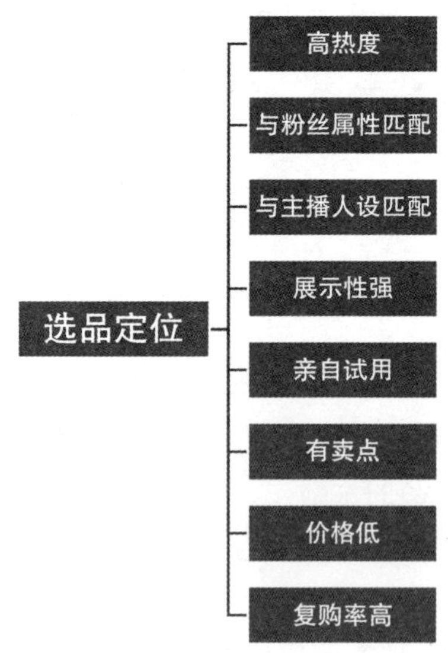

图 4–2　直播选品的方法

论相关话题，提升直播间的热度。

以李佳琦为例，他直播的产品一般以女性彩妆护肤品为主，口红当属第一类。这正满足了当下“90后”“00后”年轻女性的需求，其粉丝群体多为年轻女性，对于美妆类产品会产生高频复购性再正常不过了。

现在很多直播方都会和合作商家签订协议，产品必须要好卖，是刚需品，能高频复购，还要保证价格是最低的。

2.与粉丝属性相匹配的产品

了解粉丝需求的前提是已经确定了自己的客户人群，我们可以通过卡思数据、飞瓜数据等查看数据分析报告。通过这些数据我们可以了解到主播粉丝的性别、年龄、地域分布及星座情况，通过对账号的粉丝画像进行解读，从而明确自己账号的目标用户画像，进而确立选品的标准和范围。

比如罗永浩的抖音粉丝中，男性粉丝占比93.1%。那让他卖化妆品、护肤品，就肯定与粉丝属性是不匹配的。

3.与主播人设匹配的产品

把合适的产品交给合适的人来卖，才能卖得更好，这是直播带货最基本的道理。如果让罗永浩去卖口红，那还真得“雷倒”一大波人，作为东半球懂手机的人之一，数码电子类产品才是他的专长。

所以，首先要打造好主播的人设，根据主播的性格、讲话方式、兴趣爱好、专业技能，塑造一个特点鲜明的人设。之后，再根据主播人设，选择相匹配的产品。

4.展示性强的产品

展示性强的产品也就是利于直播间现场“表演”型的产品，方便主播直接演示讲解，例如家居用品，厨房、卫生间、客厅、卧室用品、服装等。

想证明清洁剂的去污能力，主播可以现场进行去污演示；想卖炒锅，主播就要在摄像头面前炒菜；想证明沙发垫耐磨，主播可以现场用铁丝球高强度刮磨。相较于传统电商平台的图文演示方式，直播视频的动态演示，更能体现展示性强的产品的亮点，更容易得到消费者的信任，提高转化率。

5.亲自试用的产品

常言道没有调查就没有发言权，做直播带货也是同样的道理。主播自己使用产品有效果后推荐给观众，才能增加可信度，提高销量的同时，或许还能间接提高产品的复购率。

例如卖一款洗面奶，主播得事先知道这款产品是适合油皮，还是干皮，主播自己是什么肤质，使用后是什么感觉？主播身边其他肤质的人使用后是什么感受？粉丝对洗面奶有哪些需求？这款洗面奶能否满足他们的需求？这些都需要主播亲测过后才能得出结论，才能在直播间根据实际使用感受，向观众、粉丝推荐产品，才会使产品更有说服力。

6.产品要有卖点

罗永浩一直宣称他的直播间要卖又好、又便宜、又新奇的东西。因此只要产品有卖点，就不怕卖不出去，有了卖点，再借助抖音平台进行扩散，转化率就能实现了。

任何产品都有卖点，但如果销售把产品的每个卖点都讲了，反而会显得这个产品很平庸，销售爆单的可能性就比较小。

李佳琦在推荐产品的时候，往往会先提炼出 1 个卖点，最多是 2 个主推的亮点，再集中花几分钟把亮点讲透，以此佐证自己的观点，吸引粉丝下单。

7.价格很关键

产品价格不仅影响粉丝的购买意愿，还涉及主播佣金等利益问题。所以，我们要先知道什么价位的产品在直播间更受欢迎，更有优势，更容易火爆。

比如通过查看快手美妆类目的销量TOP10，我们发现单价 30 元以下的产品霸占了前 5 榜单，前 10 榜单中有且只有 2 个产品超过 100 元，30~100 元的产品只有一个。那么我们就有理由相信，低客单价产品以更低的消费门槛和更短的决策周期，在直播带货中更占优势。

王祖蓝曾在直播间推荐过单价 49.9 元的“男士火山泥洁面”，以成交 15 万件的成绩登上了近 7 天快手商品榜 TOP100 榜首。其对应的 10~100 元区间也恰恰是表现力最优的区间，在短时间内有更好的爆发潜力。而将时间推移至更长的近 7 天时，该区间的比例开始同时向上、下游分散，其中下游承接更多。

当然，低单价产品火爆也不是绝对的，毕竟在前 10 的产品中，还有 2 个产品单价超过 100 元，所以高客单价也有成功的，只要把握好三个字：性价比，高性价比的产品才会有定价优势和利润空间。

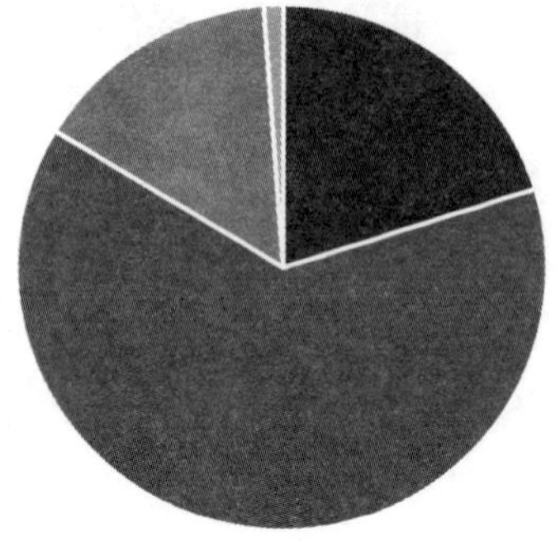

图 4-3　快手商品榜Top100 价格区间（7 天）

8.选复购率高的产品

直播带货的粉丝群体相对稳定，不容易快速增加新客户。所以，产品的购买频次一来影响收益，二来影响粉丝的活跃度，处理不当还会掉粉。这时主播选一些快消品、复购率高的产品，会产生更好的效果。

解决需求：高手不兜售产品，只解决问题

薇娅、李佳琦这些头部主播为什么能实现带货破亿的奇迹，而我们的直播间一个月加起来也不过数千？其中很大的一个原因是主播将自己当成了导购员，只是平台从商场搬到了直播间。这些头部主播，从来没有考虑过“销售”产品，他们做的只有一件事：帮助用户解决问题！

1.了解用户需求

我将产品领域里的需求定义为：用户对解决现存问题的需要。首先是“用户”，了解真正的用户在哪里、他们是谁，对主播来讲特别重要。我们的需求只能源于我们想获得的这些用户，同时我们也要对这些用户需求进行抽象化处理，这样的需求才有价值。其次是“现存”，这里要着重提醒大家，并非想象中的所有需求都有可能被用户买账。我们做的不是50年后的产品，不是100年后的产品，更不是科幻故事里的产品，再炫酷、再有趣，如果不能解决现在的需求，也没有意义。

目前看这种做法用作选品参考，通过收集粉丝需求指导选品；但是未来很可能会演变为“C2M模式”，即根据消费者的需求，在获取足够的购买意向后，向商家下单制作

图 4–4　愿望收集和需求定制

个性化的产品，满足消费者更加细分的个性需求。如果能做到这一步的话，对消费者来讲将会是一种巨大的服务升级，对于供应链也是一次巨大的产业升级。

2. 带货开始前首先要培养信任感

直播带货的巨大风口让很多心怀梦想的小主播们都渴望在这个赛道中分一杯羹，这也使得一些主播注册了账号、拿了点货之后就开始直播，想要带货。但往往粉丝不会为此买单，产品也很难销售出去。究其原因，在于前期没有在粉丝心中构建起对主播的信任感，所以主播呈现出的“功利心”让用户望而却步。

很少有一开始直播就能立即带动产品销售的主播。因此，相比于迅速推动直播带货，主播更应该注重的是前期的运营策划，通过专业性、实用性抑或是纯粹的个人魅力等角度来营造人设，并在与粉丝的互动中赢得其信任，经过一定的资源积累后，才能逐步完成自己的带货路径。

不管浪潮有多么汹涌，有一点值得注意：直播带货绝不是一蹴而就的事情，前期的运营策划、与粉丝关系的维护必然是一个基本的前提。

3.针对性推荐，解决不同粉丝需求

李佳琦不会劝观众盲目购买所有产品，他会告诉观众这个产品适合的人群，也会强调有些产品不需要买太多，或者是一部分人群不适合购入。当一个链接中包含多个产品选项时，比如不同色号的口红、腮红等，他会挑选出“李佳琦推荐”的色号，有时会告诉观众“只需要购买这2个色号，其他的不需要买”，也正因为这样，“李佳琦推荐”让观众感觉客观且可信。

最让人反感的销售方式，就是用一种类似强迫或乞讨的方式，要求粉丝购买。比如：“如果是我的粉丝，就请立刻下单，否则你就是黑粉！”“求求大家，这个月我真的没有收入，反正买了你也不亏，快下单吧！”这会让粉丝感到非常不舒服，认为自己被主播“道德绑架”，必然会引发一小部分粉丝的抵制，在社交平台进行猛烈的抨击。

既能促成成交又不引发粉丝反感的技巧，就是让粉丝自己做决定，“这款产品我们之前在抖音已经卖了10万套！”“我们直播间的价格比免税店还要低！”这是很多顶级主播都喜欢用的方法，不刻意要求粉丝购买，用这样的方式暗示粉丝：这款产品非常值得购买！没有“被购物”的压力，又能享受到实打实的优惠，完全由自己做主，反而粉丝会更加喜欢。

其实，这个思路在营销界早已得到共识。无论是主播带货还是传统销售，那些佼佼者都具备解决客户问题的能

力。客户之所以选择购买你的产品，是因为他们认同你的理念、思想和价值观，相信你的专业能力能够真正帮助他们解决实际问题。

4.进行利他营销

直播中常见的利他行为就是提供除了产品外的增值服务，旨在帮助用户提升生活技能或动手能力。如果你想在直播上卖一样东西，一定要站在用户的角度，尽可能地让用户在直播中学到东西。

例如，一些化妆品的直播改变了原来介绍化妆品的特点、组成部分、材料、功效、价格等内容的方式，而是直播彩妆老师的化妆过程。在直播中，主播往往会一边给模特上妆，一遍介绍每一款产品的质地、优点、用法，以及适合的肤质。此外，观看直播的用户还可以就自己的肤质和产品相关的问题进行提问，直播中的专家会一一解答。

这样一来，用户不仅详细了解了产品，而且还对自己的皮肤和选择化妆品的方法有了新的认识，同时还学会了很多化妆技巧。这时用户很容易产生购买欲望，甚至单击链接下单购买。

产品介绍：让粉丝一“见”下单的5个步骤

在直播中，主播必须要明白：只讲产品的直播，吸引力会大打折扣；完全不讲产品的直播，也少有用户会长久地看下去。因此，在直播中，不能只讲产品，但是也不能不讲产品。

很多企业之所以做直播营销，是想要通过直播将产品销售出去，却往往忽视了营销的本质，一味地给用户讲一些与产品无关的东西。这样的直播对企业毫无意义。因此企业要认清直播营销的本质：产品是关键。产品才是主角，要让产品“说话”，让产品带动用户的购买欲望。

图4–5　让粉丝一“见”下单的5个步骤

当你要销售一款产品时，要怎么开始介绍呢？

1.结合痛点，提出问题

首先，最好的方法是从用户的痛点开始切入，描述使用这款产品的消费者的痛点、需求，给他们一个理由去买你的产品！

比如夏天时，防晒很重要。在推荐防晒产品前，要注意先铺垫，讲讲自己的感受和困扰。比如："今天又是一个暴晒天啊，真羡慕那些皮肤怎么晒也晒不黑的人，我的皮肤一晒就黑，真是痛苦，但是很多防晒油一涂在脸上就容易脱妆，尤其脸上一流汗，整张脸都惨不忍睹……"

再比如："疫情期间，我基本告别了外卖，长期待在家里做饭、刷锅。但是不管抽油烟机开多大，做完饭之后身上总会有很大的味道。然后我就在想，是不是可以买个围裙呢？有个全包裹的围裙会不会好一些？可以360度无死角罩住，油烟全部拜拜。"

聊天式地提出问题，并让这种"问题"成为活跃直播间的话题。

2.放大问题，激发购买欲

这个套路也是销售最爱用的套路之一，这时要注意问题的全面和最大化，将大家忽略的问题尽可能地放大，让用户感到不解决不行，害怕遇到不解决问题的严重后果！

比如将不做防晒的危害放大到一个高度，不防晒的话，不仅会让用户黑，还让用户老得快。尤其是紫外线，它具有很强的穿透力，可直达皮肤真皮层，破坏弹性纤维，加速皮肤老化，产生色斑。这时也可以提供一张不涂防晒的照片，给用户极大的视觉冲击力。粉丝想到这里，为了避免这个结果，想要提前预防，就会产生购买产品的心理！

3.引入产品

此时，以解决问题为出发点，通过引入产品解决上述提出的问题。

比如可以和粉丝互动，通常有哪些防晒的方法呢？可以穿防晒衣、擦防晒霜、用防晒喷雾等。让粉丝通过弹幕表达自己的观点，同时主播也可以通过互动加强对粉丝的了解。强调一点，此时不要详细介绍产品，千万要稳住！

4.全方位介绍产品

最重要的一步来了，终于可以介绍产品了，你可以从产品的价格、作用、品牌、原料、售后、库存，以及产品的使用场景等一系列的细节来展示产品！

越清楚越好！

（1）核心卖点

你需要讲清的第一个因素就是这个产品的核心卖点是什么，切记不要“万能吹”。比如你在介绍一款化妆品，很多人关心产品的有效成分是哪些，他们常常愿意为含有某种有效成分的产品而买单。比如含有氨基酸的洗面奶，含有神经酰胺、维生素B的舒缓修复乳液，含有胜肽、维生素C、A醇抗氧化、抗老的精华或面霜。

直播的时候主播可以依照产品成分表，对成分做好充分的功课，以便在直播间内展开详细的介绍。

（2）描述使用场景

大多数人看直播买东西都没有很明确的需求，逛着逛着就冲动消费了，买回来了发现实际作用不大，要么退货、要么丢闲鱼、转手要么搁家里“吃灰”。随着冲动的次数多了，很多消费者慢慢变得理性，在下单之前会思考自己有没有必要买这个商品。

因此，使用场景的描述，等于给消费者一个买单的理由，让他们即便现在没有需求，也能被激发出需求来。

比如下面两个例子：

李佳琦卖驱蚊贴时会说："小朋友晚上出去玩，把这个贴在袜子上，可以避免蚊子去咬小腿……"李佳琦卖帽子时会说："如果你下楼买菜的时候懒得化妆，戴上这个帽子就好了……"

通过讲述的场景，调动了客户的想象力，促成最后的转化下单。

（3）讲品牌故事

知名品牌是不用主播介绍的，哪怕大家不懂品牌背后的故事，也知道那是一个品牌，因此直播时有品牌的商品比没有品牌的商品要好带得多。因此，建议主播带货时尽量选择品牌商品，它们最终的成交率区别很大。

如果实在没有什么品牌知名度的产品，我们就需要对品牌故事进行阐述，比如说说这个品牌的创始人是怎样创立的，过程如何艰辛，如何有匠心，这个品牌在国内才刚开始推广，在国外是很受大家欢迎，等等。

这样做，比主播完全不提这是什么品牌，单纯一味地介绍产品成分和功效，给消费者的认知感要好得多。

（4）适合人群

介绍过程中要讲明白谁可以用，介绍产品的一个使用人群，让用户粉丝更了解你直播时的产品的一些性能。

在主播讲产品的时候，一定要让消费者明白产品的适用人群。是男生可以用，还是女生可以用；是年龄大的人可以用，还是年龄小的人可以用，主播要跟用户讲明白这些问题。

很多主播会将大部分的时间都放在介绍产品功效上，这些通常也是用户非常关注的一个方面。但是提醒大家切记不要夸大、虚假宣传产品功效，建议以客观公正的口吻进行讲解。

5.优惠促销

说了这么多，该上优惠折扣了，引导观众现在立刻下单，给观众一个绝对的承诺，这个秒杀价只有今天有，过时不补。有些主播喜欢一次性把商品链接都挂上，好处是观众会在看直播之余，随便逛逛，这些商品都能得到流量曝光；坏处是不利于主推爆款，找链接都得找半天，提高了下单门槛，观众对比了其他商品之后，也容易分散他们的注意力。

有些主播是介绍完一个商品，再上链接，接着立刻搞秒杀，坏处是当场直播的其他商品都需要挨个介绍，单靠主播介绍不一定能保证流量曝光，好处是有利于促销。

如果单纯是为了搞优惠促销，建议采用第二种主播的方式，前提最好是之前的产品介绍已经很到位了。

催单转化：6大技巧帮客户快速下定决心

如果你正在做带货，那么你应该知道：直播前的引流、直播中的讲解都是为了一个目的——最终将商品卖给用户。

很多朋友在做直播带货时，引流和商品讲解都花费了很多的时间和精力，并且做得都还不错。但就是因为不懂直播催单的技巧，导致一切努力付诸东流。

那么，直播催单技巧有哪些呢？

1.销量截图

没有什么比展示销售数据更有说服力的了，通常真实的数据也更具说服力。在直播中，主播要学会如何运用数据，进而用语言来引导客户。所以，主播在直播过程中有一个数据概念是很重要的。

比如：一周销售1.3万份（销量数据）；上市当天销售突破8000份（销量数据）；32%的顾客都会回购（回购率）；好评率99%。

2.粉丝好评

主播需要经常和用户交流沟通，关系处理好了，受益的粉丝自然会主动在直播间里说产品的使用心得，从而进来看直播的旁观者也会看到受益粉丝的反馈。

举个例子：主播在直播间介绍产品，进来看直播的人只会相信50%~60%的内容，他们还处在犹豫期。那么这个时候如果有一个旁观者，一个消费者去反馈产品就不一样了。如果他说这个产品确实好用，那么进来看直播的人就会打消非常多的购买顾虑，接着进入下单流程。

3.明星同款

李佳琦还有个方法就是，用明星大牌做硬核背书，做到让用户心服口服。比如他经常会说，“很多一线明星大牌都有在用，包括我自己也在用……”女明星同款、古力娜扎同款、王菲色、佳琦同款等。

除此之外，他在介绍某美妆品牌的时候，还会提道：很多专业的化妆师都在用；在播生活类用品的时候，他会说：“我送了超多明星这个……”在播零食的时候，他会强调说：“有很多明星在我直播间抢这个零食……”三句话不离“明星”的李佳琦，正是用这种方式，无形中增强了用户的信任感。

4.发送优惠券

像天猫直播、淘宝直播、京东直播等直播平台，都已经实现了边看边买的功能，用户一边观看直播，一边就可以购买。在这种便利功能下，企业需要借势发放优惠券，激发用户的购买欲望。

人们对于优惠的东西往往没有抵抗力，特别是喜欢的东西。因此，用户进入你的直播间观看直播的话，就已经说明用户对你的产品有好感了，这个时候如果你再送一张优惠券或福利，就会提高用户的购买力。

利用这种方式在直播中提升销量的淘宝店家数不胜数。

用户在一边观看直播时，可以单击图片进入购买页面，然后领券用于购买商品，有什么疑问，还可以直接回到直播间询问店家。这样便利的购买和互动通道，也为电商企业带来了客观的现金流。

5.以退为进，适时放弃

每款商品都有不同的适用人群，我们不必为了转化成交而欺骗消费者。有时候适当的退步，反而会让有购买欲望的用户感受到真诚，从而下单！

比如："这款粉底液，不建议爱出油的朋友购买。这款比较滋润，适合干皮、混干皮的朋友。""这条裙子是专门设计的大码裙，建议体重在120斤及以上的宝宝们入手。如果你是小个子，也喜欢这款的话，可以选择8号链接的这条裙子！"

6.制造稀缺感

当你的产品、优惠活动都无法吸引粉丝下单时，主播就要在适当的时候"添把柴"，制造稀缺感，营造抢购的氛围，让观众产生现在不买、就再也买不到紧迫感，最后快速下单。

有些直播平台能够实现在不离开直播界面的同时无缝购物，例如天猫直播和淘宝直播商家，在这些平台做直播能够提供一种侵入式的体验。

因此在直播中，主播要充分抓住这种无缝购物、边看边买的功能，要在直播界面中不断弹出限时购的产品。比如在直播中，主播介绍了一款化妆水，不但介绍了产品的价格，还突出显示了该产品的功能，随后，屏幕上弹出了这款产品的链接。这个时候主播就可以借助下面这些催单话术来刺激用户下单："还有最后三分钟，没有买到的宝宝们赶紧下单，赶紧下单，时间到了我们就恢复原价了。""这款宝贝今天只限在我的直播间有这个价格，不用想直接拍，往后只会越来越贵。""买二送一，过期不候。"

用户会受到上述语言的干扰，想要抓住限购的机会。

李佳琦几乎每次都会限制产品的上架数量，等抢完了再补货。于是，用户可以经常在他的直播间里，听到这样的话，"最后 2000 套，仙女们快抢""抢完了，但是应广大仙女的要求，我向商家请示再补 1000 套"，等等。

有时候，李佳琦还会实时播报剩余的产品库存，"400、300、100，最后 50 件，没了。"直播间内瞬间洋溢着一股抢购的紧张气氛。一般的品牌或门店直播，也可以学习李佳琦的方式，在首次上架时，只上架 1000 套左右，卖完之后，主播就可以光明正大地说："短短 5 分钟，库存已经被抢光了！"听上去就很火爆。

收单细节：打消顾虑，适时“推一把”

直播销售最难的时刻，恐怕就是收单的时刻。

解决买单顾虑，有个常见好用的方法，就是在消费者出现犹豫的时候，主动讲出消费者的顾虑问题，给一个让消费者放心的解答。

图 4-6　收单细节

1. 主动讲出消费者的顾虑

在李佳琦的直播间，用户经常会听到：“孕妈妈也可以放心使用……小朋友也可以放心使用……”

这些话的主要作用，并非把买单用户锁定到孕妇、小朋友身上；而是借用对于安全有特殊严格需求的孕妇、小朋友群体也可使用，来说明正在售卖的产品安全可靠无刺激，让更多普通消费者放下顾虑，立刻下单。

又比如薇娅在推荐产品时，经常会讲一些家人、工作人员使用过的经历；还会在直播间展示自己的淘宝购买订单，证明某款产品是“自用款”，以此来打消粉丝的顾虑。

在打消用户买单顾虑上，李佳琦还有一个做法，就是会劝新粉丝、不确定自己是否适用的粉丝，谨慎下单，第一次少买一点。

从“道”的角度来讲，销售也好，商业也好，老客户满意才能做得长久。老客户满意，才会来复购，才会给你介绍他周围的人成为你的客户，好处多多。所以珍惜声誉，利人利己。

从“术”的角度上来讲，直播间面对的是几十万上百万人，对客户真诚反而才是能够让客户安心下单的最佳策略。

2.关注下单流程

要告诉用户当前所售产品在几号链接或是在哪里可以买到。做直播需要简单直接地让粉丝知道你在做什么！

这个是很多新手主播都容易漏掉的东西，只顾着讲解但忘记告诉粉丝去哪里可以买到产品。所以新手主播一定要注意在直播间讲解下单流程及方式，并且演示给粉丝看。

在薇娅的直播间，每晚用户都会多次听到她不厌其烦地讲解下单流程：“先领50元优惠券，然后下单的时候数量填2，这样到手价就是139元两套！”而这时小助理也会用手机或iPad展示：在哪里领优惠券，下单的界面是怎样的。

不厌其烦地讲解演示，有两个作用：一是引导下单行动；二是排除下单过程中客户不熟悉操作的隐患。引导下单行动，是当客户对产品没有太大抗拒的时候，有经验的销售会适时地做一个动作，起到“推一把”的作用，促使客户完成最后购买的一步。

排除下单操作中的障碍，是站在客户的角度，防止某些客户不熟悉网购操作。当面对上百万人，一晚上可能上千万元甚至数千万元的销售额的时候，哪怕只有1%的人不熟悉操作而下单失败，带来的损失都是数十万元。

对于一个做销售、做商业的人来说，用户在买单上的问题，永远都是主播的问题，而不是用户的问题。因为用户无法买单带来损失的最大的输家永远是主播。

3.强调售后服务

对于一些特定的商品，是否具备售后服务是非常重要的，比如数码、电器类商品等。购买这类商品的买家在选择商品时，也会同时注重卖家所提供的售后服务。

在与买家交流售后服务的话题时，必须实事求是、直观准确地告知买家所能提供的售后内容及时间。

播完收尾：3 种技法让粉丝欲罢不能

直播现场的营销效果取决于开场的吸引程度及进行中的互动程度；直播结束后的营销效果则取决于收尾的引导程度。

下面 3 种收尾的方法，可以达到持续吸引粉丝的目的。

1.预告

一场直播快结束时，主播一定要预告下一场直播的时间、产品、福利，甚至直接告知观众某款产品具体的上架时间段，方便一些不能一直坚守在直播间的粉丝购买。

预告直播内容时，主播可以说出下次的内容框架，但要隐藏关键的内容，如图 4-7，从而吊足粉丝的好奇心，让他们坚持观看直播，期待关键内容出现。

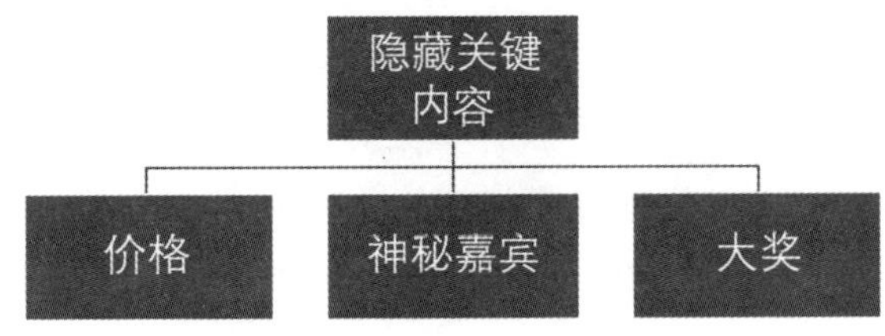

图 4-7　收尾要隐藏关键内容

同一种商品，人们爱选择低价的，尤其在保证正品的前提下，无论薇娅还是李佳琦，说到底还是超低的折扣最让人心动，前期的所有流程都是为了这一刻作铺垫。我们经常会听到有不少薇娅的粉丝说买的超值。所以一定要让价格足够吸引人，让粉丝意想不到，这样他们才能真正做到每天都来直播间。

有些主播会选择邀请神秘嘉宾一起加入直播，借助嘉宾的吸引力增加直播间的流量，此时主播则要隐匿好神秘嘉宾的身份。

此外，还可以预告下期奖品。在李佳琦的直播间奖品一般不低于百元，都是比较热门的产品，比如YSL口红、华为手机等，甚至还会有一些Gucci、爱马仕等奢侈品包包。奖品的配置又给人一种“不抽错过一个亿”的感觉。下期直播开始的时候，粉丝们又乖乖地等着开播了。

2.让粉丝参与直播内容的创作

与粉丝合作的最高境界，就是让粉丝参与到直播的创作过程中，甚至让粉丝来主导直播的内容。他们不仅是“投资者”，也是“创作者”，这会给粉丝更好的参与感和成就感。

因此在直播的结尾主播可以通过下面三种方式，让粉丝参与直播。

（1）提供创意

优秀的直播离不开一个成功的创意，而创意并非只有主播和其团队苦苦思索才能产生。主播可以在直播结尾举办创意征集活动，让粉丝帮主播想出更多的创意。

（2）参与设计

如果粉丝无法给出直接的创意，主播也可以让他们参与设计，给他们细节选择的权力。比如挑选希望上架的产品。

（3）大家来找碴

优秀的主播会对每场的直播进行复盘，寻找这场直播的优缺点，并在之后进行发扬或改善。为此在直播结尾，主播可以发起“大家来找碴”的意见征集活动，让粉丝帮主播寻找可以改善的细节。

3.实现流量转化

直播结束后，需要解决的最核心问题即流量问题——无论现场观众是几千人还是上万人，一旦直播结束后，观众就会马上散去，流量随之清空。为了利用直播现场的流量，在直播结束时要将直播的流量引向销售平台、自媒体平台、粉丝平台三个方向。

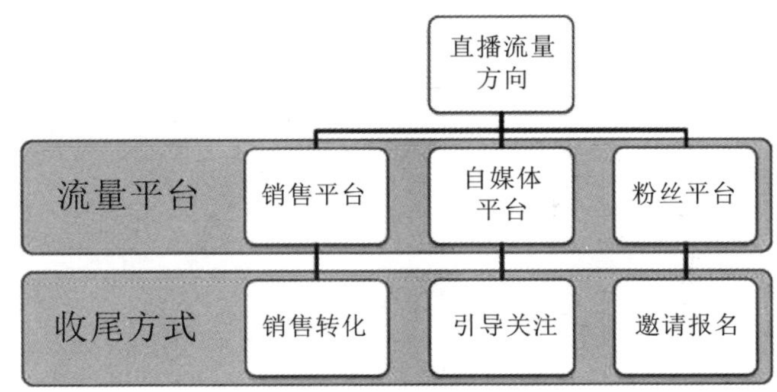

图 4–8　直播流量转化

（1）销售转化

主播可以充当销售顾问的角色，留下产品的官方网址或网点，促进购买和转化。

（2）引导关注

在直播结束的时候，主播可以将企业自媒体账号及关注方式告诉观众，以便直播后向本场观众传达企业信息。

（3）邀请报名

在同一场直播中积极互动的网友，通常比其他网友更同频，更容易与主播或主办单位“玩”起来，也更容易参加后续的直播。这类观众可以在直播收尾时邀请入群，结束后通过运营该群，逐渐将直播观众转化为忠实粉丝。

案例 罗永浩抖音直播首秀成功的秘诀

罗永浩在 2020 年 4 月 1 日用前所未有的直播方式告诉大家，谁才是抖音真正的“带货一哥”！

下面我们一起来看看，罗永浩首场直播数据汇总：

直播间里的累计观看人数 4871.2 万；

首播销售额达到了 1.7 亿元；

直播间订单量 84 万；

音浪收入突破 3600 万元；

老罗在直播间一共推荐了 22 个商品，其中包含了数码、食品、家居、美妆等多个品类。其中，在抖音小店销售 12 件，7 件是小米及其生态链的产品。

图 4–9 罗永浩直播数据

值得一提的是：9.99 元一盒 10 支的中性笔，在工作人员挂上链接后，不到一秒钟，5 万盒瞬间售罄；奶茶优惠卡一波又一波地补货；单价较低的零食和日用品不断地卖到断货。

这种直播带货可以说成了老罗一门值钱的手艺，那么为什么他这次能够卖出 1.7 亿元的好成绩，他高成交率的秘诀又在哪里呢？

1. 平台的加持

2020 年 3 月末，罗永浩正式入驻抖音。从 3 月 27 日到 3 月 31 日，他总计发布了 7 条作品，积累了 458.7 万名粉丝。这些流量最终的呈现方式，包括直播预热期的抖音开屏、报价 1920 万的 TopView 超级入口、短视频保量、热门推荐、Feed 流等。

图 4–10　罗永浩专属打赏礼物

还有直播进行时的开屏直接导流进直播间、通知栏推送等多种强效果手段，甚至还上线了老罗限定打赏礼物——“老罗别这样”。

2. 自带 IP

罗永浩算是个自带 IP 的人，他有一个在公众印象中非常深刻的点，就是他足够较真的人设，很多人称其为“老罗式的完美主义”。这从他做锤子手机时，亲自过问每一个细节就能看出来。“我不是为了输赢，我就是认真”这句话，几乎成了他个人形象的一个注解。而这个人设就是他个人的品牌。

从创业做锤子手机再到创业失败，罗永浩一直以来话题不断，身边也有一群铁杆粉丝。虽然现在换了行业、换了“工作”，但自身热度不降，这次直播最先向我们展示的就是罗永浩的个人IP价值了。

3.前期预热做到极致

早在2020年2月下旬，老罗就在微博发起了一个“你们买东西时会看电商直播吗”的投票。

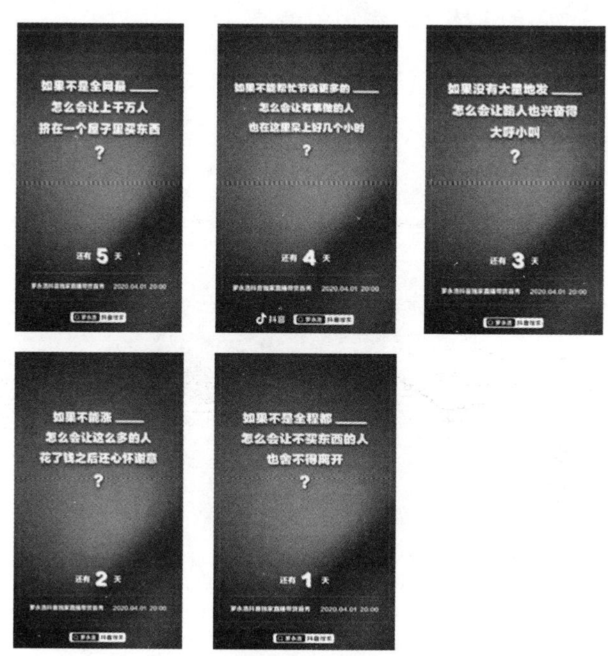

图4-11 罗永浩直播倒计时海报

投票结果显示，2.7万人表示不会，8784人表示偶尔会，1357人选择经常看。这种似乎不经意放出的风声，已经让坊间猜测老罗可能要进军电商直播了。

3月4日，罗永浩在某网友的评论区回复自己将要定期直播，很快被网友宣传开，随后罗永浩宣布开直播冲上热搜。3 月 19 日罗永浩在微博发布决定做电商直播，瞬间成为电商直播圈内热议话题，登上微博热搜。有人质疑、有人调侃、有人抹黑、有人叫好、有人力挺，不管各位粉丝和看客持什么态度，反正话题感十足，赚足了眼球。

这段时间，老罗在微博极其活跃，跟网友聊天，跟品牌商谈合作，还和竞争对手互相打气，并且每天保持一个“短视频+海报”的更新，吊足了大家的胃口。在最后 5 天，老罗用 5 张倒计时海报引爆燃点。

这组倒计时海报文案，设计上红白蓝的色彩搭配，很有抖音的风格。同时文案设计上用“填空题”的形式，留下悬念，吊足用户口味，有趣又吸睛。

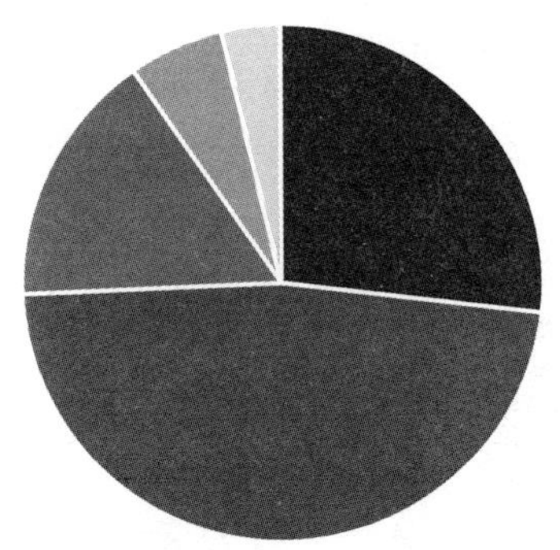

图 4-12 粉丝年龄比例

4. 根据粉丝画像选品

根据公开的罗永浩粉丝画像数据，其中男性关注人数占比 80.5%，女性占比 19.5%，20~29 岁的“90 后”群体占比接近 50%，群体购买力非常强。

而从罗永浩整个商品清单来看，科技数码产品占比接近一半，一定程度上还是适合罗永浩身份和粉丝群像关注点。

5. PPT式直播

老罗的PPT式直播，可以算是直播的一大亮点，开创了直播的另一种新方式。然而我们发现老罗PPT式直播另藏玄机：他展示时长是跟字体大小相对应的，用户在看直播时对于一个产品不会停留很久，PPT式恰巧让他的用户们记住了这些产品的特性。

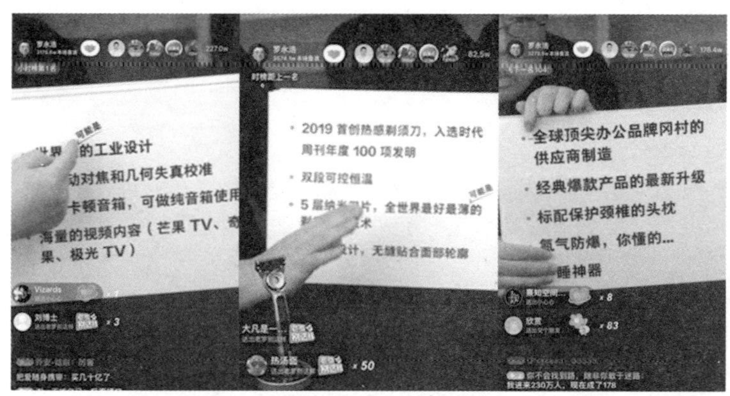

图 4–13　PPT式直播

老罗开始直播前我也曾想过他会以什么样的形式直播卖货，一想到他喊粉丝"宝宝""家人"就觉得不和谐，结果果然没有让我失望，他拿着纸板PPT就开始卖货了。网络上不少人说他讲PPT卖货太严肃显得无聊，我倒觉得这一招很妙，既开创了电商直播界的先河，非常有记忆点，同时也延续了他自己的风格，发挥了他的特长。

如果他向薇娅、李佳琦这些直播卖货界的前辈学习，一边喊着“宝宝们”“家人们”一边销售，观众看了一定会觉得特别油腻。所以作为品牌或KOL主播，一定要坚持自己的风格，不要轻易被同化，不然将会失去所有。

第 5 章

玩转流量，开启营销获客新思路

获取汇集私域流量，实现营销获客精准化。

互联网进入中国后，作为“数字地基”的流量，从门户时代、搜索时代、社交时代再到内容时代，一直是人们竞相争夺的重要资源。随着互联网人口红利逐渐消失，流量竞争日益加剧，流量之困，使得人们感到面前横亘着一条巨大的、干涸的鸿沟。

主播好培养，难在营销。同一个主播在不同的平台，粉丝数量可能有天壤之别，如何运营平台、如何推广是重中之重。用户在互联网活跃的位置会直接决定直播前期广告投放位置，新媒体团队必须将有限的资源投放在用户较多的网站。

选择平台：造势不如借势

主播、企业或商家开展直播带货的第一件事，就是考虑哪个平台更适合自己。选择适合你的平台，才利于你快速提高适应力，才利于你能力的发挥。选择直播带货平台和考大学是一样的。不同的大学，适应于个人的情形也是有万千差别的。

直播带货，当然要找最适合的企业，最适合的产品，最适合能力发挥的平台。真可谓：平台选得好，带货效果好；平台选不好，半天没成交。

1.主要直播电商平台的发展历程

表 5-1　主要直播电商平台发展历程

类型	平台	发展历程
电商平台	蘑菇街	2016 年 3 月，上线直播功能，打造“直播+内容+电商”；2020 年底二季度财报显示，在整体 GMV 中，直播业务 GMV 所占比重达到 39.1%，为 16.29 亿元人民币，同比增长了 115.2%。
	淘宝	2016 年 5 月开通直播功能；2019 年淘宝直播引导成交额超过 2000 亿元，连续 3 年增速达 150% 以上。
	京东	2016 年 9 月上线直播功能；2018 年 8 月召开达人大会，宣布达人专属扶持计划——京星计划；2019 年 7 月京东宣布至少投入 10 亿元资源以推进红人孵化计划。

续表

类型	平台	发展历程
电商平台	网易考拉	2019 年 8 月上线直播功能；2019 年 6 月推出“考拉 ONE 物全网招募计划”，目前已有“10000+达人”。
	拼多多	2019 年 11 月 27 日直播首秀；2020 年以来，拼多多已经在浙江、广东、河北等地联手推进了“市县长产业带直播”活动，共同扶持产业带转型。
直播平台	快手	2016 年初上线直播功能；2018 年 6 月，快手联合有赞，发布“短视频电商导购”解决方案。快手APP的每个主播的个人主页新增“快手小店”，每个主播均可开启自己的小店。
	抖音	2017 年 11 月上线直播功能；2019 年 2 月发布主播招募计划；2020 年 3 月签约罗永浩。
	斗鱼	早在 2016 年 11 月，斗鱼就联合淘宝、京东等平台，在众多直播间嵌入购物链接，之后又多次进行直播电商尝试；2020 年 4 月 17 日~20 日，斗鱼直播在湖北省发改委等多部门的支持下，旭旭宝宝、YYF 等 26 位顶级流量主播为湖北农产品带货。
	腾讯	2019 年 3 月，腾讯直播开启内测；2019 年 7 月，腾讯直播开始内测电商直播功能，同时微信小程序内嵌腾讯直播H5 页面。

2. 直播平台三大梯队

表 5-2　2020 年直播平台三大梯队

	直播平台	平台调性
第一梯队	淘宝	商家、主播带货直播
	抖音	网红主播娱乐、带货
	快手	网红主播娱乐、带货
第二梯队	微博	微博KOL、网红主播娱乐
	拼多多	商家店铺直播带货
	西瓜视频	达人直播带货
	京东	商家店铺、联合明星KOL带货
	小红书	分领域KOL、明星带货
	哔哩哔哩	UP主带货

续表

第三梯队	虎牙直播	游戏直播互动为主
	花椒直播	生活内容直播分享
	斗鱼直播	全民游戏直播平台
	YY	游戏直播互动为主
	苏宁易购	商家店铺直播带货
	蘑菇街	女性电商、买手直播带货

3.平台活跃用户量对比

从头部直播电商平台活跃用户数量情况看，淘宝、拼多多、抖音、快手等平台的月活跃用户量较高。

2020年3月，电商直播平台中，淘宝的月活跃用户为75624万，拼多多的月活跃用户为44084万。直播平台中，抖音的月活跃用户为46918万，快手为47015万。

4.直播电商平台抽佣情况

表5-3 2020年部分直播电商平台抽佣情况

内容平台	合作电商平台	电商平台抽佣情况	直播平台抽佣情况
抖音	小品商店、网易考拉、唯品会	无	扣除佣金10%
	京东	扣除佣金的0%~10%（依据商品品类、会员等级不同确定）	京东抽佣后扣除佣金10%
	抖音小店	无	非中心化流量订单和精选联盟订单抽取1%成交额的技术服务费用，广告服务订单0.6%，中心化流量订单按类目不同在2%~10%
	淘宝	成交额的6%+剩余佣金（佣金-成交额的6%）的10%	无

续表

内容平台	合作电商平台	电商平台抽佣情况	直播平台抽佣情况
快手	拼多多	扣除佣金的 0%~20%（视等级而定）	扣除成交额的 5%
	京东	扣除佣金 10%	政策不详
	快手商品	无	扣除成交额的 5%
	淘宝	成交额的 6%+剩余佣金（佣金-成交额的6%）的 10%	剩余佣金（佣金-成交金额的 6%）的 45%
淘宝直播	淘宝	技术服务费，佣金的10%	MCN 机构主播佣金的20%；独立主播佣金的 30%

5.各直播平台热门货品类差异

表 5-4　各直播平台热门货品类差异

直播平台	平台属性	带货商品属性
淘宝	电商	淘宝体系内全品类
抖音	内容	美妆+服装百货占比高
快手	社交+内容	百元内低价商品为主、食品、日用生活品、服装、鞋帽等
微博	社交+内容	服装、生活日用品、鞋帽、配饰
拼多多	电商+社交	农产品、小商品、地方特产
西瓜视频	内容	值点商城品类
京东	电商	京东电商全品类
小红书	社交种草	美妆、服装、生活物品为主

6.摸清你是哪个“场”，别做卖货无用功

具有强电商属性的淘宝的特点是在该平台进行直播的品类十分丰富，这对于小众品牌商家来说不具备优势，流量较为集中在头部商家和主播上。因此，在淘宝直播中，内容制作和主播选择是提升流量的关键因素。

抖音以都市青年为主，主攻一二线。随着罗永浩带火了抖音直播，引起了众多品牌的关注，抖音肯定会加速推动直播业务形态的打磨和沉淀。对于在抖音开启直播的品牌而言，将会面临如何吸引流量的难题，前期直播宣传和曝光、选题等都至关重要。

快手主播有较强的粉丝积累，也就是快手标签的“老铁关系”，对于品牌而言，选择快手作为直播阵地的话，前提需要有一个足够扎根的“老铁”。

微博其直播类型内容往往以服装、配饰、生活用品等非标品类为主。目前主要靠“KOL直播+话题热搜”为主，入驻直播的商家较少。

拼多多属于后电商时代崛起的平台，因其拼单团购的属性，衍生了拼多多具备社交电商的基因，主要以下沉市场为主。直播货品多以客单价较低的小商品、农产品或地方特产为主，很接地气，也有一定的忠诚用户，对有下沉需求的品牌而言是一个值得尝试的流量池，但价格一定不是直播的重点。“低价产品或大牌促销+商家解说+折扣”对商品冲动性消费有很好的引导作用。

京东直播具有较强的电商属性，由于京东用户多以男性群体为主，所以京东直播区别于其他电商直播推销、咆哮式的直播方式，多以测评、实物展示为主。另外，京东直播未有代表性的网红主播和商家，但基因庞大的用户基础和京东电商全品类的电商优势，京东会更倾向于推出爆款商家和主播联合的方式，以此吸引更多的商家加盟。

腾讯正在频频加码电商直播行业，打通“公众号+小程序+直播”，用私域的方式去调动微信生态内资源，适合强关系、重信任的推广，目前母婴类产品卖货效果极佳。

腾讯直播的私域属性更强，这对很多实体店或有社群沉淀的商家来说，是个好消息，能提高复购率，裂变和分销也有了更多的可能。对消费者来说，多了个购物平台选择。不过腾讯直播能否搭建完备的电商生态，提高购物的用户体验，还有待检验。

推广引流：电商直播变现的3大途径

为什么直播市场那么火爆？根本原因在于直播行业巨大的利益诱惑。直播平台的运营者时刻都想着如何让直播平台盈利最大化。

视频直播是一种粉丝经济，吸引粉丝很重要。这种吸引粉丝的行为，用网络术语来说叫“引流”。引流即吸引用户，引来消费者。因为有了消费者就意味着打开了市场，就能实现创造经济效益的目的。

众所周知，做电商除了站内流量之外，还可以做站外引流。

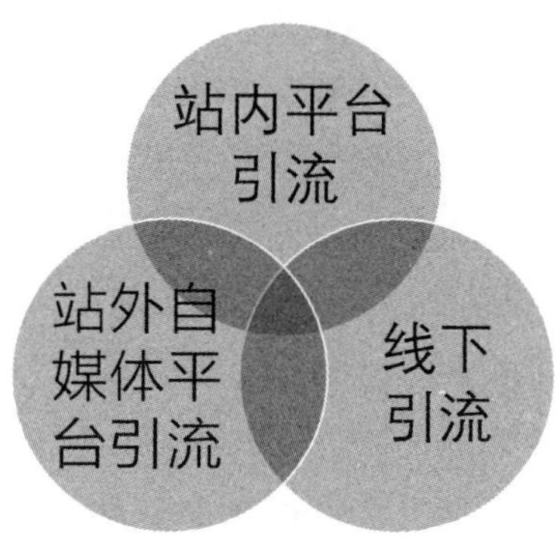

图5–1 推广引流的3大途径

1.站内平台引流

从电商平台进行引流是最基础的引流方法，包括优化关键词、设置主打款、促销特价等。

（1）付费引流

以淘宝为例。关于站内付费推广方面，由于很多新店，尤其是C店，是不能投钻展的，所以我这里建议大家用直通车。

大家都知道，现在的直通车ROI（投资回报率）很低，很多商家开直通车的ROI还不到1。直通车几乎都在亏钱，那为什么还有那么多人对直通车趋之若鹜呢？

实际上，直通车的意义不在于单纯上的引流，而是配合搜索或爆款，对于新品新店铺来说尤为重要。无论是配合搜索还是做爆款，主播都需要有一个清晰的计划。

这个计划中，主播需要有针对推广单款的销售、转化、访客的计划。主播还需要细化到每个流量渠道的来源，并每日跟进数据的变化情况。

（2）免费引流

以淘宝为例。对于卖家而言，搜索是最重要的引流方法。我们可以随时调整的因素大致有标题、上下架时间、橱窗推荐等。实际上，搜索引擎优化是一个长期的过程，每款商品在每个阶段的标题都是有差异的，这跟产品的竞争力与生命周期有关。

对于许多新店而言，无论是B店或C店，想要成功报名参加官方主流活动是非常难的，但其实有很多资源我们是可以很容易获得的，比如手机天猫APP里的“范儿”频道，频道里有很多的话题，你可以参加话题，内容越优质，被系统推荐展现的机会就越大。

（3）直播时获取推荐

所有直播平台都有自己的推荐机制。对于平台算法认定“好”的直播间，会得到更多推荐，给予更多流量。

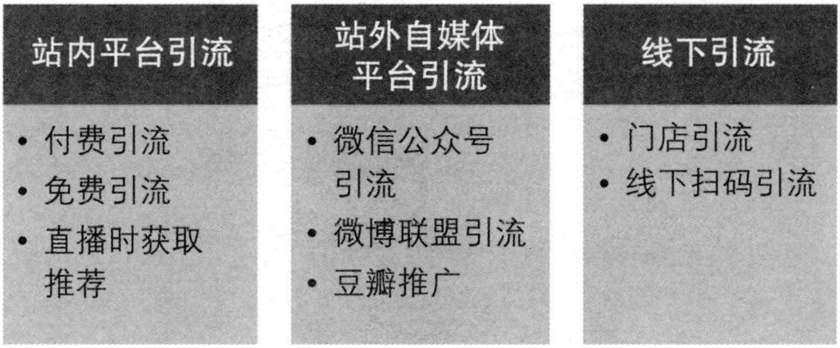

站内平台引流	站外自媒体平台引流	线下引流
• 付费引流 • 免费引流 • 直播时获取推荐	• 微信公众号引流 • 微博联盟引流 • 豆瓣推广	• 门店引流 • 线下扫码引流

图 5-2 推广引流

2.站外自媒体平台引流

站外引流，就是在直播平台外的其他平台，把能够调动的注意力，转化成直播当天直播间的观众。其实每一个成功的自媒体平台都有属于自己的标签，做出差异化才可以让用户记住。现在做自媒体的平台有很多，有主抓视频的，有主抓语音的，有主抓文字的，有主抓图片的，还有主抓问答内容的。所以要针对自己创造内容的类型来选择自媒体平台。

然后就是针对人群来选择。现在QQ空间和QQ公众号是中学生居多，还有些是大学生；微信公众平台是社会人群居多；今日头条、一点资讯是白领人群居多；搜狐、网易和百家号是搜索人群居多。针对人群选择主做的自媒体平台，最后针对内容类型来定位平台。内容是娱乐还是体育，是健康还是时尚等。具体如何操作，怎么引流？

首先选择好几个适合自己产品的自媒体平台，定位好行业。例如你是做女装的，可以选时尚领域，之后的图文视频都是写关于穿衣搭配方面的文章，做好一个细分领域的垂直。

然后要根据不同的平台区分引流方式。比如，文章后留链接，在自营广告里插入店铺链接，私信粉丝发链接，抽奖模式引流到店铺，评论区留言方式插入店铺链接，等等。

（1）微信公众号引流

以微信公众号为例，现在的商家都有自己的公众号，这是微信旗下推出的一个平台，作为商家或企业搭建自己的公众号得跟上形势，同时也能获得来自微信的一些流量。

公众号可以发布一些关于直播的预告，或者直播中的福利。只需要给出足够有价值的文章内容，就可以成功引流客户到直播间。

在文章里也可以添加一些实用性的内容，比如文章介绍如何正确护肤，这样就能吸引有这方面需求的客户观看。当文章结尾指出一些商品可以解决护肤问题的时候，就可以吸引客户点击购买链接或直播间链接，实现引流。

（2）微博联盟引流

一个人的力量是有限的，但是一群人的力量不容小觑。直播平台的引流也是如此，寻求合作不失为一种可行的办法。

权威性人物的身上总是自带光环，因此他们就是一块活招牌，他们的话简直可以与广告同日而语。寻求与他们的合作无疑是一种引流途径。如今有一群人被称为“大V”“意见领袖”，他们的话语往往能引起大的反响。所以，与他们合作成了直播引流的又一可行之举。

但是选择与一些公众大咖合作也要注意以下两点：

第一，术业有专攻，这些大V、意见领袖们不是十八般武艺样样精通，他们通常只是在某一领域具有权威性。因此，直播平台想要借助他们的话语性，必定要考虑他们的领域。

第二，注意大咖们的言论是否积极向上。在寻求合作之前，应对大咖的一贯言行调查清楚。可能有些网络大咖现在言辞慷慨，思想积极向上，以前却有过消极，甚至反面的发言记录，切不可和这样的大咖合作。因为网友的眼睛是雪亮的，任何蛛丝马迹在广大的网友眼里都会被无限放大，切不可心存侥幸。

（3）豆瓣推广

在豆瓣中，推广可以集中在浏览发现、线上活动等几个版块，在这些版块中，豆瓣用户可以发布一些关于直播的软文信息。如果你的文字足够特别，引人瞩目，就能获得在首页展示的机会。此外，你还可以创建线上活动，吸引豆瓣成员围观。

当然，你还可以在各大豆瓣小组中发言，推广直播信息。这需要你不断加入一些豆瓣活跃小组，然后在小组里发言，将直播网址、信息发布上去，吸引用户点击观看。此外，还可以自己创建小组，吸引同样喜欢观看直播的豆瓣用户成为小组成员。

你还可以给一些喜欢的豆瓣成员发豆邮，将直播信息传播出去。如果你的豆瓣关注者较多，还可以在自己豆瓣的主页上发布关于直播的信息，吸引你的关注者去观看直播。

3.线下引流

（1）门店引流

目前很多零售实体商家加速入局线上私域电商，通过线上的直播电商和社群营销带动线下门店，提升门店客流和销售，几乎成了实体企业谋求销量增长的刚需。

虽然直播营销属于新媒体运营的一部分，但传统渠道的引流效果也不容小视。如果企业有线下的渠道，比如产品体验店、营业厅、线下门店等，完全可以借助线下渠道，以海报、宣传单等形式，宣传直播内容，引导线下消费者关注直播。

通过门店搭建私域流量池，通过直播电商、社群营销帮助企业完成“门店客户引流至线上服务，线上增粉回流至门店”的私域电商闭环。

（2）线下扫码引流

线下扫码引流的关键在于吸引用户来扫描你的二维码。

要想吸引用户，要做到以下两点：

第一，要选择在人流量大的扫码地点，比如电影院、高校门口、大型商场门口、火车站等。在这些人流量大的地方，引流更有效。

第二，要有一个吸引人眼球的“持码者”。要想引起人们的注意，先要引起他们的好奇心。可以请帅哥美女持码，也可以通过卡通的装扮吸引路人。不管方法和过程如何，最终结果是让路人扫码转粉，也可以开展有奖扫码活动，只要扫码即可领取一些与直播相关的小礼品，这种有奖活动总是很吸引人的。

粉丝黏性：获取高流量的关键

直播营销的真实目的是通过挖掘粉丝需求，生成内容和产品，让粉丝变成消费者。只有信任主播，粉丝才会变成消费者，才会相信主播推荐的商品，才会真正放下戒备，最后产生购买行为。

那么主播如何获得粉丝的信任呢？粉丝究竟如何变现，如何形成粉丝经济呢？

直播营销模式有一个等式：粉丝=流量，粉丝越多，流量就越多。于是电商拼抢流量—主播拼抢流量—粉丝拼抢流量，归根结底要靠强大的粉丝。而粉丝黏性集中体现在3个方面：粉丝数、活跃度（阅读量、转发量等）、转化量（购买量）。

1.吸粉有招数

（1）获取信任

与品牌和消费者的关系一样，主播与粉丝之间的交往也要建立在相互信任的基础上。言而无信、过河拆桥的主播是永远不会受用户欢迎的。因此，获取信任要从拒绝欺骗开始。其次，要做到诚实守信。直播时间也是一个影响粉丝信任的潜在因素。主播在直播前一定要给自己预留出时间，尽量做到准时直播。如果选择第一天上午播，而第二天又改到下午播，而且毫无预告，且不说粉丝体验如何，主播自己有没有准确定位都不一定了。如果直播时间完全无迹可寻，再有耐心的粉丝也会有打退堂鼓的一天。

（2）打造专业形象

现在的产品越来越多，观众的选品也会越来越累，这就需要主播凭借自己的专业性打动粉丝，通过一些众人不知道的技巧和专业词来维护自身的权威。并能为粉丝提供良好的建议，通过自身的专业性和经验为粉丝答惑解疑。粉丝的自身需求得到了解决从而获得对主播的信任感。

李佳琦彩妆知识丰富，很多人会问，一个男生凭什么给女生推荐产品？他的回答只有两点：一是专业，二是男生看到的女生的美会更客观。李佳琦非常清晰自己的定位："我的本职工作是让粉丝用最少的钱，买到最合心的东西，这是很多年轻人的消费需求。"

因此，主播要有自己的专业形象。比如，美妆主播知道很多化妆小技巧，能创造出新颖的妆容；护肤主播知道怎样更好的护理皮肤，解决各种肤质问题；服饰主播能通过不同的穿着搭配，提高自身的魅力。

（3）根据用户需求

直播的交互性体现在直播必须根据用户的需求进行直播。这样才能真正增强粉丝的黏性，让直播用户成为客户。

我们看到很多平台上的当红主播的观看数量都在十几万，甚至百万以上，打开他们的直播，你会发现这些直播之所以受欢迎，是因为他们"听话"，听用户的话，根据用户需求进行直播。

再比如，在很多设计产品营销的直播中，用户会有自己的要求，比如"主播试一下嘛""主播给我们看一些特写"

等。其实，这些问题很简单，只要满足用户的需求，用户就会继续观看，继续观看就能了解更多产品的内容和特色，接下来就很有可能会下单，达成交易。

2.提高粉丝黏度

当观众对直播内容出现视觉疲劳的时候，我们就需要转移阵地，各种媒体都尝试一下。

（1）微信公众号提高黏度

黏度是衡量用户忠诚度的重要指标。对于微信公众平台来说，用户黏度体现在阅读量、转发量、收藏量和回复次数等方面。用户忠诚度越高，就越离不开这个公众号。这对主播塑造形象起关键作用。

主播开通微信公众号可以发布一些自己的生活经历，才艺展示的小视频，或者是一些关于直播的内容。通过这种方式，可以加深粉丝对主播的了解，使粉丝对主播产生好感，被其人格魅力吸引。再加上微信生态圈强大的裂变式传播，“一场好的微信+直播”形成的效应超过任何一条广告推广。

主播开通公众号后，要及时回复粉丝的消息。粉丝初次关注就会自动发一条消息，引导粉丝去做什么事情。当粉丝对公众号的内容产生兴趣，想和我们进一步沟通时，很多人都会直接向我们发送消息。但如果主播很久才去回复粉丝，有可能粉丝已经取消关注了，或者回复时间超出了限制。不管怎样，如果没有及时回复粉丝，公众号就像留言板一样，和粉丝沟通起来有一道时间的鸿沟，粉丝的黏性就提不上来。

腾讯为了防止我们不断向粉丝发送广告消息，如果粉丝 48 小时内未与我们互动（发消息），我们就不能再回复

图 5-3 公众号平台显示

对方，所以看到新消息，我们要及时回复，这是提高粉丝黏性有效的方法。

（2）建立粉丝社群

每位主播都要建立粉丝社群，可以是QQ群，也可以是微信群。在最初阶段，主播最好不要刻意筛选加入群的粉丝。任何想加入群的粉丝，主播都可以邀请他们加入，这样社群才能迅速扩大。

观察一段时间后，主播可以根据活跃度，筛选出符合条件的粉丝，建立专属粉丝群，这个群才是支撑主播发展的基础。建立起粉丝社群后，主播同样要做好日常维护。

（3）微博扩大号召力

提到现在最火爆的开放性社交平台，新浪微博的地位难以撼动，令人眼花缭乱的资讯更是“高能”。新浪微博的开放性极强，没有年龄、身份等限制，使用群体广泛，是一个真正的全民媒体平台。

微博的开通可以让主播在直播之外的时间与粉丝进行互动，从而达到“圈粉”的目的。

微博中的“大V”更是具有极强的感染力和号召力。他们拥有大批的粉丝，只要一发微博，粉丝马上就会转发、评论。就是因为微博大V的这种特殊影响力，很多企业会

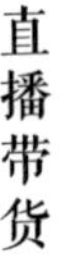

找他们做广告推广。主播也可以找这些大V合作，让他们为自己的直播节目做推广。

微博上有很多专业性的大V，他们的微博内容都与行业相关。对比营销账号来说，他们的粉丝黏性更强、转化率更高，本身形象更好。所以，主播可以找与自己直播内容相符合的大V进行宣传。

如果能申请为“大V”，主播通过微博发布自己的直播动态或分享一些个人消息，其影响力和号召力可想而知。

播前预热：让个人直播变全民直播

任何内容的投放，都需要预热。预热除了能在一定程度上“试探”粉丝的反应，及时调整营销策略外，其本身的神秘感和不经意透露出来的细节，往往最能吸引粉丝的好奇心。就如同电影的宣传片，好的宣传片甚至能够起到出其不意的作用。

古语“酒香不怕巷子深”，但现在是流量为王的时代，市场竞争激烈，大家的选择越来越多元化。如果不吆喝，“酒香也怕巷子深”。通过有效的直播预热，才能吸引更多的粉丝进直播间，而不至于默默无闻。既然预热这么重要，我们应该怎么做呢？

直播预告尽量不要选择周末。因为实际直播的时间大都在周末，如果周末发送，留给用户的反应时间太短。同时周末发送的公众号文章、微博较多，是移动社交平台内容创作的高峰期，用户很容易忽视你的直播预告。从直播预告到实际直播，这个周期一般不能超过一周，否则很容易被用户遗忘；也不能过短，至少 24 小时以上，不然发挥不出效果。

较为妥当的是 3 天左右的预告提前期。因为网络热门事件的黄金发酵期是 2~3 天，一般热门事件会在这一时间段被更多的人看到。当讨论人数达到顶点时，正是直播的开始，刚好避免热度衰退。

1.短视频预热

以抖音为例，直播前需要提前3~5天在抖音上发你的直播预热短视频，而且还需在直播当天开播前2~3小时发布一个直播预热的小视频。

发预热短视频简单，难的是预热短视频要怎么策划内容，才能让粉丝看到后想要进入直播间？我们可以采取"画面+标题+视频文案"的方式预热！

主播拍摄的直播预热短视频，在除了保证自身的质量外，还需要做到以下几点。

（1）开门见山直接邀请

比如你是美食账号，想要直播带货一款红薯，那么你就可以拍摄烤好的红薯，香喷喷出炉的视频；标题可以直接点名，直播主题+直播时间。

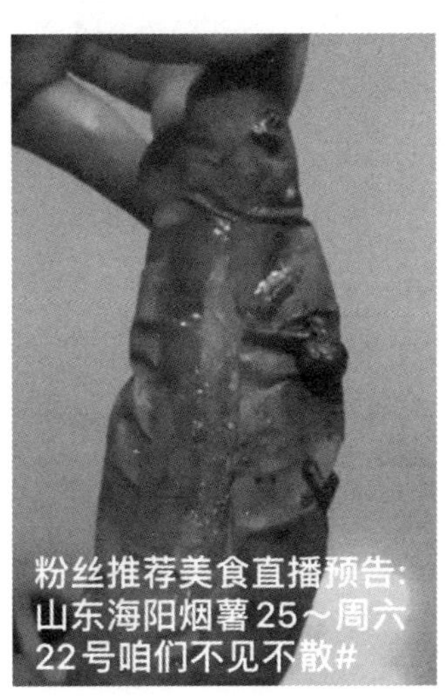

图5-4　直接邀请

（2）**在视频结尾设置悬念**

比如罗永浩第一次直播时，在抖音发布的短视频中，就在结尾给大家制造了一个悬念，“我们为第一次的直播准备了很多又好又便宜，还新奇特的好东西”。

图 5–5　视频结尾设置悬念

（3）**剧情植入直播预热**

大家应该都熟知“大狼狗郑建鹏＆言真夫妇”，他们在直播前发布一个视频，内容为：因为要开直播，晚上睡不好，怕被粉丝看到真容，嫌弃丑……

这样一个搞笑的剧情预热视频，获得了 140.1 万个赞，也让看该视频的粉丝，对他们要直播这个事件印象更加深刻。

在做好短视频上，老罗（粉丝对罗永浩的爱称）表现了极高的水准。这点可能得益于他早年做英语学校的时候，挖空心思做创意招生有关（在他的自传系列演讲《理想主义者的创业故事》中有多个经典案例）。

老罗账号里的短视频，主要有三种内容：一是直播预告，公示直播间特价产品和直播时间；二是直播带货的商品剪辑回放，还带有购物车可带动事后的销售；三是直播幕后团队在选品、试用、砍价上的趣事，抓住用户的好奇心，用趣味的表达传递给用户直播商品的“好货低价”印象。

2.微博预热

微博作为具有媒体属性的社交网络，它最重要的营销价值就在于其开放的话题讨论。现在越来越多的企业和个人通过微博的话题运营，吸引用户对话题进行讨论，最终达到品牌曝光和营销的作用。

直播节目也可以使用这一方法。对于人气还不太高的主播来说，可以通过参与新浪微博购物发起的话题，为自己带来流量。比如新浪微博购物发起的“大咖直播带货live”。截至2020年8月9日，阅读人数就达到了1.5亿，参与讨论人数2.6万人。可想而知这庞大的流量背后可以给微博购物带来多大的购买量。

如果主播积累了一定的人气，或者直接邀请了某个明星，则可以利用主播或明星的人气发起活动。只要主播或明星在微博上创建话题自然就有粉丝进行转发、评论、点赞。一旦话题上了热门，就能被更多的路人看见，直播节目也就能吸引更多的新粉丝。

微博话题只有全民参与，才能带来最大的传播和宣传效果。因此，主播必须发展大量的粉丝，让更多的人加入互动。主播只有不断地保持和粉丝间的互动，积极与粉丝进行交流，才能获得粉丝长久的支持，最后才能达到将微博粉丝转化成直播节目粉丝的目的。

比如老罗在微博高调宣布要进军带货直播，很快变成了微博热搜，激活了微博粉丝及路人的关注；很快微博的话题热度被众多媒体报道，成为一篇一篇的公众号文章，带动了微信生态中的流量。

而在“老罗到底会在哪个平台直播”这个问题，吊足了千万网友胃口之后，老罗 2020 年 3 月 25 日在抖音开了账号，3 月 26 日发布了第一条视频，把这些流量沉淀到了自己的抖音账号中。

老罗在第三次直播前，推出了他与一加手机创始人刘作虎的对话节目。这节目一方面是对第三场直播的站外引流，另一方面老罗也表示“如果有视频平台感兴趣，可以合作”。如果这档节目真的成型的话，则会变成另一个站外的引流工具，从“某个长视频平台”持续地引流到老罗未来的直播中。

3. 微信朋友圈预热

微信朋友圈这种强链接的熟人社交平台，为很多企业的营销提供了想象的空间，而这种“信息流广告”模式也为主播对节目的推广带来同样的想象。

相对硬广告，人们更愿意相信与自己有强联系的熟人的态度。人们会认为来自熟人的消息可信度更大。

因此如果主播在朋友圈进行宣传，那就可以收获一批基于熟人关系的粉丝。这对于刚出道的主播尤为重要，因为只有熟人才会愿意帮助传播，帮助扩大影响力，吸引新粉丝的关注。

4. 公众号宣传

主播如果只是单纯地在公众号发布一些直播节目的信息，很难收到营销的效果。因此内容一定要有吸引力。要知道，如果公众号上一篇文章写得好，则可以引发难以计量的转发效应。用户看到好文章时，就会在朋友圈进行分享，从此不断循环。关于如何策划内容，在下面的软文中会一起讲解。

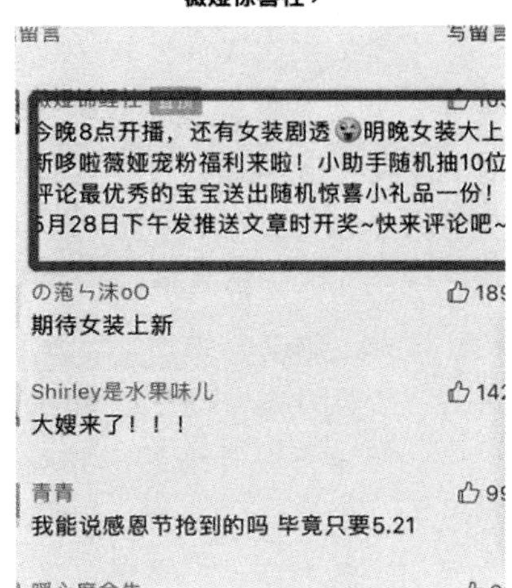

图 5–6　公众号宣传

5.软文预热

如果直播预热文案写得好，即使你是新手主播，没有什么粉丝，也能打造一场上千人，甚至上万人在线观看的高人气直播间。但是，如果直播预热文案写得不好，甚至没有，即使你是李佳琦那样的大V主播，也不会有粉丝买账。

那么，直播预热文案应该怎么写才能吸引更多的人呢？

（1）每周一脚本

建议以一个星期为单位来做直播脚本，这样的中短期计划，对工作时间能做出比较好的切割，保障灵活度；也能在一定程度上储备好内容量，减少运营策划成本。

表 5–5　每周脚本预览

XX旗舰店直播间				
	基础活动	**活动说明**	**通用活动**	**周期活动**
星期一	满 199 减 100，红包雨	全场或指定产品优惠券	关注有礼…… 进群活动……	每周一秒杀
星期二	买二送一……	活动说明……		周二买卖
星期X	……	……		周X免费送
星期日	……	……		

（2）有吸引力的标题

主播如果想要通过软文达到自己宣传的效果，首先要设计一个具有吸引力的标题。软文的内容再丰富，如果没有一个足够吸引力的标题也是徒劳无功的。文章的标题就像直播节目的Logo，代表着文章的核心内容，其好坏会直接影响软文的营销效果。

因此，软文营销的第一步就是要赋予软文一个富有诱惑力、吸引力与震撼力的标题。

主播也可以打造悬念式标题，最常见的就是解密式，激发人们的猎奇心理，让用户对直播产生兴趣。比如一家卖厨房刀具的店铺，直播预告的标题是“刀法解密——掌握这样几刀，轻松下厨房”，并且在直播预告的封面中加了一个大大的问号。

（3）以图文营造既视感

薇娅和罗永浩的直播预热文案中都会通过图文清单的模式，将带货商品详细列出来。通过相关研究证明，图片

图 5-7　预热文案插入图片

比文字更容易让用户产生联想，产生继续浏览的欲望。

比如你想要向用户销售一条裙子，无论你嘴上说的有多么好，裙子上身多么显瘦，都不如模特的示范图更有说服力。所以，在你的直播预热文案中，能插图说明的尽量插图。

（4）以福利刺激消费欲

抽奖免费送，就算不是带货直播间，同样也可以设置福利，比如最常见的直播抽奖就可以。“9 元秒杀”“2 件更便宜”，当你看到这些字眼的时候，是不是就已经非常心动了呢！直播预热文案写得好不好，就看用户看了之后有没有消费或继续观看的欲望。

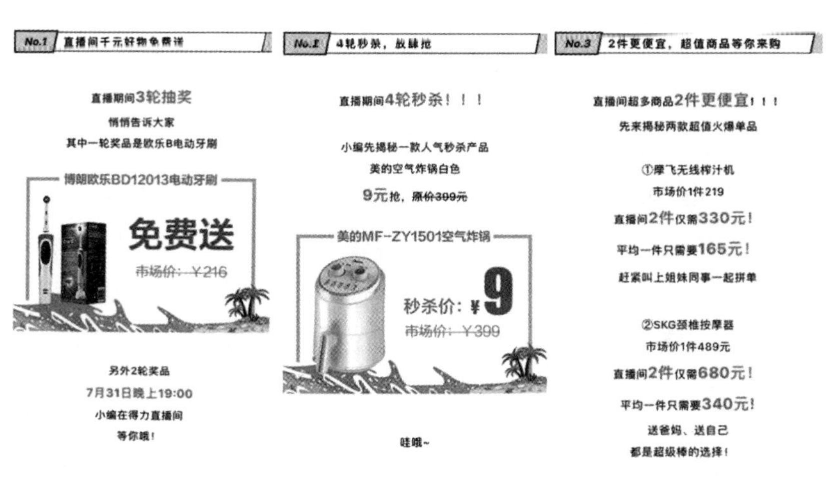

图 5–8 福利预告

还有一种设置福利的方法就是分享你直播间的“利益诱惑”。比如“看了你的直播就能了解一个月瘦 10 斤的秘诀”，或者“新手提高化妆水平的n个小技巧”，等等。当用户看到这些“与自己相关”的话题之后，自然会对你的直播产生兴趣。

私域运营：持续留存粉丝促复购

私域流量是相对公域流量而言的。公域流量就是初次主动或被动参与到开放平台的内容曝光中的流量，比如以搜索流量为代表的百度，你去搜索某个关键词，展示在你面前的就是围绕这个关键词的自然排名展示和竞价排名展示。

再比如以电商流量为代表的淘宝、京东和拼多多，当你进入这些网站，或者在这些网站中搜索某一个产品时，展示的是直通车的广告及商品的排名展示。再比如以信息流为代表的今日头条，基于兴趣推荐的信息流资讯的腾讯新闻，等等。这些都是公域流量池的典型代表，实际上公域流量的范围要比这些大得多，包括点评、美团等地域服务性质的平台，也是公域流量的一部分。

以社交为代表的微博、微信、抖音、快手、QQ、陌陌等，这些具有社交属性的平台又属于什么呢？以微信为例，如果你想看李佳琦的朋友圈，你必须先加李佳琦的微信成为他的好友，然后你才有权限翻看他的朋友圈。如果一个人通过了你的好友验证，就说明你们之间是基于之前的某种关系而产生的交集。所以，私域流量就是一个基于信任关系的封闭性平台上的流量池。

私域流量有以下三个特点：

（1）性价比高

品牌在公域流量要获得曝光是需要付费的，当下常见的付费推广形式有百度或大众点评的关键词竞价排名，头条、抖音的信息流广告等，而一旦把公域流量导入私域流量，比如微信好友，那相对就比较宽松了。

（2）传播内容自主多样性

上过淘宝或大众点评的品牌都知道，我们所要向用户展示的内容，都必须遵循平台制定的游戏规则，内容及商品的呈现方式千篇一律。比如某个淘宝商家，就想在直通车广告位直接发一条短视频广告，可以吗？再比如，某个商家在大众点评自己的店铺里，想放一张内容丰富的、用户能看清活动内容的促销海报，请问上哪个平台合适？

（3）时效性强

比如节日里的一句温馨祝福，比如严寒酷暑里的一句友情提示，再比如品牌服务体系里的一项感恩回馈，都可以通过使用微信好友群发消息功能，第一时间向私域流量主动触达，这是在公域流量不可能完成的任务。

直播结束不是跟用户关系的终结，而是进一步将公域流量转化为私域流量，建立黏性更强的用户关系促成二次消费，完成私域流量运营闭环的绝佳时机。

在直播过程中，商家可主要通过以下四种方式来沉淀流量，待直播结束后，持续留存促复购。

1.引导关注公众号深度运营

微信公众号触达用户方便，是商家私域运营的一个重要渠道。首先在直播设置时，商家可选择开启“关注公众号”。当用户进入并关注直播间后，可同步关注公众号，商家可再通过公众号菜单栏、模板消息、图文推送等方式，深度运营粉丝将其进一步转化。

当潜在目标用户关注了公众号以后，品牌商家发布的每一篇文章，他们都会收到，这个时候你只有两种选择，要么打开，要么忽略。无论哪种方式，都要好过在平台的发布。

2. 打造个人IP，拉近粉丝距离

个人IP在促进用户二次复购中起着举足轻重的作用。基于熟人心理，商家可利用直播间与观众互动的机会，现场口述主播或导购微信号，引导用户加其为好友，并通过微信聊天、朋友圈互动、日常优惠提醒等将自己打造成用户身边的朋友，逐渐拉近与用户的距离，打造个人IP。

在直播活动前后，导购既可以通过转发带导购参数的活动介绍、商品详情等到朋友圈预热，引导用户关注，又可以借力个人IP号创建微信社群，通过针对VIP社群赠送限时优惠码等形式，进一步刺激用户下单购买。

3. 客服高效互动促复购

直播过程中主播与用户的互动有限，为了解决用户在直播过程中遇到的问题，比如如何参与活动，如何购买或兑奖等，商家可以通过在直播时让用户加客服微信进行咨询的方式来解决。如此一来，客服与用户之间便形成直接可触达的关系链，直播结束后借由客服微信与用户加强黏性，并促进复购下单。

4. 社群运营扩大私域流量池

将直播变成获取流量、促进购买转化的重要工具，直

播间的观众、产生购买的顾客则沉淀到社群，将这些玩法变成私域流量运营的重要动作，这些动作将直接影响下一次的直播效果。

比如主播在直播间可以推送给顾客微信群二维码，吸引直播间粉丝关注，沉淀出私域流量，平时通过拼团、限量秒杀等社群活动促进活跃和购买转化。同时还可以在社群中发起大转盘、社群晒单抽奖等营销活动，增加社群的活跃度。

在经历新冠疫情后，西贝的一线服务员及经理全部转战线上，通过西贝自建的CRM系统进行用户画像，然后针对不同喜好及不同需求的用户进行分类，进而建立了很多个微信群，有订餐的，有卖菜的，进行针对性地运营和派送。

正是这些举措，让西贝实现日营收200万元，企业得以喘息。西贝在新冠疫情期间，每次给订外卖的用户带上一只口罩，让很多用户惊喜地在朋友圈、微博和微信群中推荐。这样的运营方式让品牌和私域用户的关系更加紧密。

在淘宝有店铺的商家，还可以通过淘宝群裂变，提高粉丝复购率。淘宝群是面向商家的会员及粉丝实时在线运营的阵地。通过淘宝群，商家可以高效触达消费者，结合群内丰富的玩法和专享权益，形成用户的高黏性互动和回访，促进粉丝进店和转化。

创建淘宝群的要求（满足以下两个条件就可以创建自己店铺的淘宝群了）：

第一，建群要求。最近30天内的支付宝的交易成交笔数大于30笔以上。

第二，微淘等级到达L1。

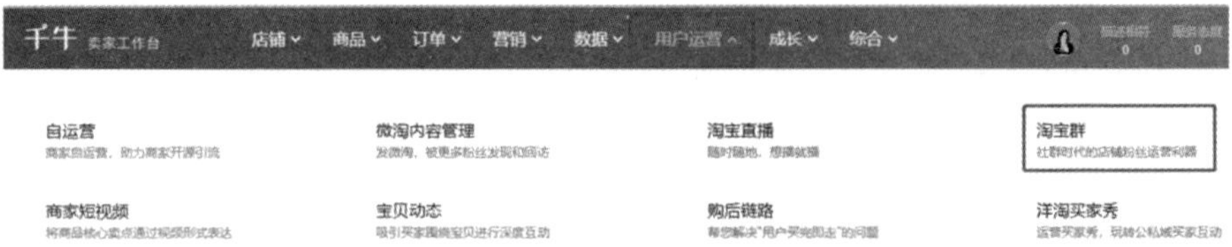

图 5–9　创建淘宝群

淘宝群的创建步骤：

第一，在千牛（卖家工作台）的入口选择：卖家中心—自运营中心—淘宝群。

第二，设置淘宝群的基本信息（我们在创建群的时候，会选择群会员的条件，建议大家做一个区分，分为成交的和未成交的客户，方便后期管理）。

• 群简介：要写明淘宝群的作用是什么。

• 群公告：群里正在进行的活动或是群规。

• 设置自动回复：新人欢迎语加上固定的群活动。

• 设置入群门槛：入群需关注店铺（入群门槛低，入群用户是不可控的，是公开群，支持在各个板块透出）。

图 5–10　设置淘宝群基本信息

• 入群需要在本店消费达到一定的金额（入群对你的店铺有一定的认可度，管理成本低，也是公开群）。

• 密码入群：针对一小部分人群开通的，售后群（处理方案和结果是一样的，是私密群）。

淘宝群创建成功之后，需要邀请买家进入淘宝群。在前期淘宝群的群成员较少的时候，我们可以把进群门槛设置的稍微低一点。比如关注店铺即可进群。

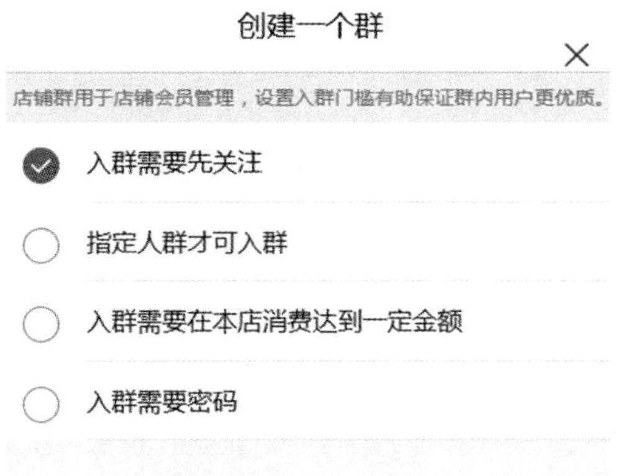

图 5-11　进群门槛

淘宝群建好以后，你可以在淘宝群内发布抢购、拼团、半价等信息，让你的产品有一定的价格优势，起到促销的作用；淘宝群也是老粉丝的维护渠道，优惠福利的发放；给买家营造一个专属的服务感；提升用户黏性，增加好感，提升复购率；提升粉丝忠诚度。

账号运营：从 0 到 1 打造高权重账号

不管你选择哪个平台做直播，都需要有一个自己的账号，而账号的权重直接影响到推荐量，也就会影响到流量，那么该如何打造高权重账号呢？打造高权重账号的基本精髓大同小异。

下面我们以抖音为例，教大家如何从〇开始打造高权重账号。

1.账号注册

我们下载抖音后，点击注册即可。在这里需要强调两点：第一，建议大家各个平台的账号，都用同一个手机号注册，方便我们以后的账号操作和维护。第二，我们要做到全网统一资料。不能这个平台一个昵称，那个平台又是另一个。

因为在线上，我们的昵称、头像、签名等都代表了我们的个人品牌，既然是品牌，我们在各个平台上的昵称、头像、签名等都要统一，只有统一，才能增加辨识度。

2.打通矩阵

以今日头条为例，今日头条旗下包括了抖音短视频、西瓜视频、悟空问答、火山小视频、头条号，这里的流量是非常大的。所以，我们必须在注册账号的时候就要打通整个头条矩阵，打通头条矩阵的好处是我们可以把内容进行同步分发，比如我们在抖音里发的视频，它会同步到火山视频、头条号和西瓜视频进行同步吸粉。有时候同样一个视频有可能在抖音没火，但是在头条或西瓜视频上火了。

其他平台也是如此。比如百度旗下有百度图片、百度新闻、百度贴吧、百度阅读、百度百科、百度知道、百度视频、百家号、好看视频、爱奇艺等；阿里巴巴是中国最大的电商企业，旗下有淘宝、天猫、支付宝、咸鱼、聚划算、一淘、优酷等；腾讯是中国领先的互联网公司，旗下有QQ、微信、应用宝、QQ浏览器、腾讯新闻、腾讯视频、腾讯微博、腾讯微视、微店等。

具体怎么操作呢？

我们以抖音为例，在设置里面，我们点击“账号与安全”，然后点击“第三方账号绑定”选择“今日头条”，就可以实现账号的绑定。

当然，我们可以打通整个头条的矩阵，也可以做整个短视频平台的矩阵，做全网布局，把我们的作品同步发到快手、豆瓣微视等平台上。

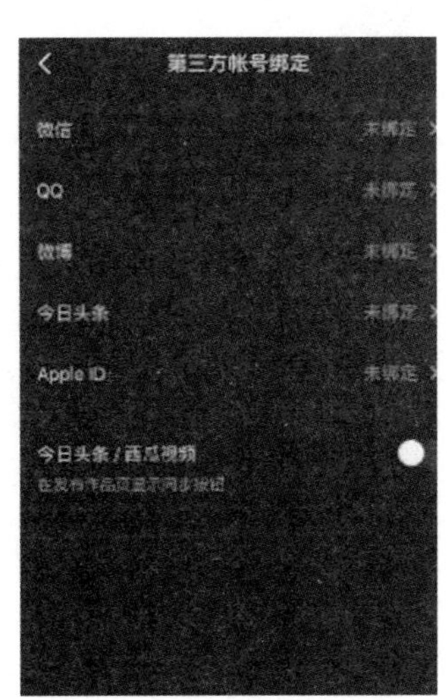

图 5-12 抖音注册账号

3.名称设置

在直播之前，很多主播都会患上“取名困难症”，这时我们要避免挑选太大众化的名字，比如“小花”，随便在某个直播平台就可以搜出好几百个，没有辨识度。当然，我们也不能为了避免大众化，故意用一些生僻拗口的字。生僻拗口的字不仅难念，还用影响主播名气。

名称最好由三部分构成：“品牌标签+动词+价值标签”。

品牌标签必须满足三个属性：简单、好记、易传播。比如像小米、西瓜等，这些名字本身就自带IP，就满足了上面三个属性。所以我们会发现那些做大的品牌，都是名字比较简单，比较好记，而且容易传播的。

动词可以是“讲、聊、谈、教”，等等。价值标签指主播的名字必须符合其自身风格。

这里给大家分享一个思维，就是卖什么就教什么。比如你卖健康产品，那你就教别人怎么养生；如果你卖护肤品，就教别人怎么做皮肤管理；如果卖衣服就教别人怎么穿搭，等等。

4.签名内容

如果我们注册的是个人号，就不能带产品或企业的Logo，当然如果是企业号，我们可以用企业Logo来做头像。

在账号初期，我建议大家不要直接留广告或联系方式，因为在你没有粉丝之前，留微信号也没人加你，还影响后台推荐你的作品！

如果非要留的话，那你一定要注意里面的关键词，比如微信可以用“V”或“wei”的同音字来代替，但最好的签名就是用一句话来描述你能给别人带来什么价值，抛一个诱饵，当然你也可以在签名里做直播预告。

关于实名认证，一个身份证只能认证一个账号，所以对于我们新注册的账号，我建议大家不要着急去认证，等过了新手期再做实名认证。

关于抖音号，官方还有一个规定是每30天可以修改一次。那这里有一个小技巧，就是我们可以把我们的抖音号设置成和微信号一样，这样就方便我们在直播的时候引导粉丝加微信，就不用在签名里刻意地留下微信号了。

5.背景图选择

关于背景图的设置，抖音给了官方的尺寸，我们只要按照官方的参数制作就可以了。

如果你的形象早已深入人心，成了标志性IP，那么你不妨在图里直接放一张好看、高清的形象照，不用其他过多修饰就能引流。比如祝晓晗、七舅姥爷、麻辣德子等主播都是直接上传了照片。

我们也可以通过一些诱饵引导粉丝关注，但是需要注意的是，初期我们不能在背景图里面留下任何的联系方式或敏感词。

6.养号

要想变成高权重账号，我们必须要养号。因为只有变成高权重账号后，我们才可以获得官方更多的推荐量，提高上热门的概率。养号的核心是什么呢？首先一定要精准定位，一定要切记做垂直系统，切记要做垂直细分领域，然后定位要与我们的账号行为一致。

（1）看作品

在初期养号的过程中，如果已经对自己的账号有定位，那么在刷视频时，就应该有意识地去观看该领域的视频内容。

养号		不养号
• 作品审核时间短 • 发布成功几率大 • 定位清晰 • 粉丝精准 • 视频播放量高	VS	• 作品审核时间久 • 发布容易失败 • 定位不清晰 • 粉丝不精准 • 视频播放量低

图 5-13　养号VS不养号

比如我们定位是做美妆，那我们平时关注的作品，以及观看的直播都要跟美妆相关，还要模拟真实优质用户的行为，让平台评定你是一个优质的用户。

（2）互动

因为每个平台都喜欢能够真正创造内容和价值的主播，那我们就可以通过浏览作品参与互动；有针对性地转发、关注、评论。针对性在于，关注同行业的高质量账号，每天点赞的数量 20~30 个左右即可，尽量等视频播完再点赞，也可以转发一些高质量的视频增加账号的活跃度。

每天观看推荐的视频 3~5 个，然后去刷评论，保持真实性，也可以看同城的抖音视频。

（3）购买

当然，偶尔你也可以去购买一些相关的产品来提高账号的优质度，在我们养号过程中，也是在培养自己的网感。

需要特别注意的是，任何操作都不能过于频繁。如果我们的动作过于频繁，就会被系统判定为营销号或是机器人。

养号期间不建议的行为有：

表 5-6 养号期间不建议行为

序号	项目
1	频繁登录账号，多个手机号用同一手机登录或同一 IP 登录
2	重复同一行为，中间没有其他操作（比如发评论，发一条是加分，快速发十条就是扣分）
3	用同手机、同 IP 批量注册账号
4	频繁修改个人信息

新号持续这个过程 5 天左右，老号 7 天左右，期间不要发布任何作品内容。

案例 温柔主播烈儿宝贝的6个营销技巧

和烈儿宝贝共过事的人对她都有统一的评价：她很温和。在采访中，“温和”“脾气好”也是烈儿给人最直观的印象，她永远带着笑，语气很轻。

“哈喽，晚上好，欢迎大家进入烈儿直播间。”晚上8点，杭州滨江一栋写字楼中，直播开起的那一瞬间，四盏柔光灯箱、三盏环形补光灯、一盏LED平板灯和一台直播微单相机同时亮起，对准了主播——烈儿宝贝。

她站在镜头前，不停地试穿衣服，语速轻快地讲解面料、版型与穿搭技巧。“倒计时开始，5、4、3、2、1！”话音刚落，链接上新上的商品几乎就被抢购一空。在烈儿讲解完一件衣服后，站在旁边的助理会迅速递上另外一件衣服。

那么，烈儿宝贝的营销技巧又有哪些呢?

1.重复直播间Slogan

烈儿宝贝基本上每天都直播，直播时长均超过4个小时。一开场，她或是助理会先念直播间Slogan：“分享好物，分享美丽，分享快乐，共享品质新生活。”每天开播重复直播间Slogan，不仅能让偶然进入直播间的用户了解直播间的调性，也能在潜移默化间加深观众对直播间的印象。

2.和观众拉近距离

“我希望能和粉丝像闺蜜一样互相分享，不仅仅是穿衣打扮，还包括生活和工作上的事情，这样的感觉很好。”烈儿宝贝说。除了日常的货品分享，她还会在直播中聊到生活上的趣事。

在推荐商品时，烈儿宝贝会分享自己和工作人员的使用经历，和观众拉近距离，打消观众的顾虑。比如在宣传一款鸡蛋干时，她说工作人员把鸡蛋干放在化妆台上，方便大家自取，结果没多久就被大家吃完了；在宣传一款马甲时，她透露自家员工都说这款衣服怎么那么便宜。

3.全方位展示

烈儿宝贝的直播间出镜的有她本人、助理和模特。三个人体型不同，能多方位给观众参考。如果同时上镜的有两个人，那两个人穿的通常是同系列不同款的衣服，帮助观众选择。

直播间后方的衣架上挂着当天上链接的衣服，让观众一览无遗。此外，烈儿宝贝会根据当天上链接的衣服，给观众搭配好一整套衣服。

4.强调售后和证书

烈儿宝贝曾经在直播间售卖一款带钻真皮黑金手表，价值 2099 元。在销售这款商品时，烈儿宝贝反复强调连手表背面都是金的，不会褪色，并且商品保修两年，比同类商品的保修时间更长。

在宣传蜜蜡吊坠时，她也强调有协会认证。通过保修时间的加长和鉴定证书，减少观众的顾虑。

5. 借力其他品牌

烈儿宝贝在介绍产品时会说明这款和某个品牌是同一个工厂，以此来保证自己产品的质量。比如在宣传牛仔裤时，她介绍牛仔裤的用料很好，和Only是同一个工厂，让大家放心购买。

6. 丰富IP形象

烈儿宝贝以全新的形象登场，将自己的IP打造方向，从“潮搭总舵主”转变为“宝藏姐姐”。“宝藏”意味着有更多可能性和待挖掘空间。

IP方向的变化，也能看出烈儿拓展新品类的决心。

众所周知，烈儿宝贝是淘宝起家的主播。从淘女郎到主播，每一步都紧跟着淘宝的步伐。做直播前，烈儿宝贝是淘宝模特，在行业内小有名气。最巅峰的时期，她几乎包揽了海宁皮革城的大部分拍摄，门口还曾挂有她的巨型海报。

刚转型做淘宝直播时，烈儿宝贝的重心也放在了比较熟悉的服饰品类上。除了带货，自有品牌Lierkiss是她的重心所在。在烈儿的直播间的旁边，就是一间服装工作间，围绕烈儿宝贝的设计部和买手部已经拓展到了40多人。

随着直播电商市场基本盘的扩大，越来越多的人接受了这种新型的购买方式，粉丝的需求也在不断增加。烈儿宝贝表示，在直播间的弹幕中，粉丝不断提出拓展新品类的需求。“有时候甚至提到在直播间卖车卖房。”基于粉丝需求，今年4月份，烈儿宝贝首次尝试“直播卖房”，联手佟大为走进恒大的楼盘，解锁了新品类。

第 6 章

抓住用户，别把直播变“自嗨”

深入分析用户数据，
有针对性地设计直播，
抓住用户心理，
达成期望效果。

直播需要对用户进行分析，主要有两方面原因：一方面，直播平台选择性强，不吸引用户注意力的直播会直接造成用户关闭窗口，观看其他直播；另一方面，为了达到营销的目的，主播必须想方设法引导用户下单或分享，而巧妙的引导来自对用户的分析与判断。

用户的社会角色会直接决定直播的风格，不同年龄段的用户通常会有不同的用词习惯及语言风格。有效地分析用户并有针对性地设计直播，有助于在直播中更好地抓住用户，从而达到期望的效果。

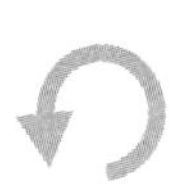

内容定位：直播背后的用户群体画像

自2015年始，各路资本纷纷涌入视频直播领域，各大秀场将业务重点转移至移动端，游戏直播更是风起云涌，垂直直播市场亦不断兴起，资金的不断涌入促成了视频直播的百花齐放，但同时也面临了各种各样的压力。

视频直播行业的用户画像与行为偏好如何呢？

1.性别比例分布

根据中国消费者协会调查数据显示，“80后”“90后”是直播电商购物的主力军，人数占比分别为33%和50%。根据《2020淘宝直播新经济报告》数据显示，淘宝直播用户“90后”占比36%,“80后”占比34%，其次是“70后”。

表6-1 直播电商购物者年龄代际分布（单位：%）

	直播电商购物者调查	淘宝直播
“00后”	9	7
“90后”	50	36
“80后”	33	34
“70后”	6	16
“50后”	2	7

2.城市线级分布

直播电商平台购物用户群体主要分布在一二线城市，其中二线城市用户群体占比达到46%。

淘宝直播的用户群体区域分布相对分散，既有“十八线”小镇青年，也有二三线职场精英。

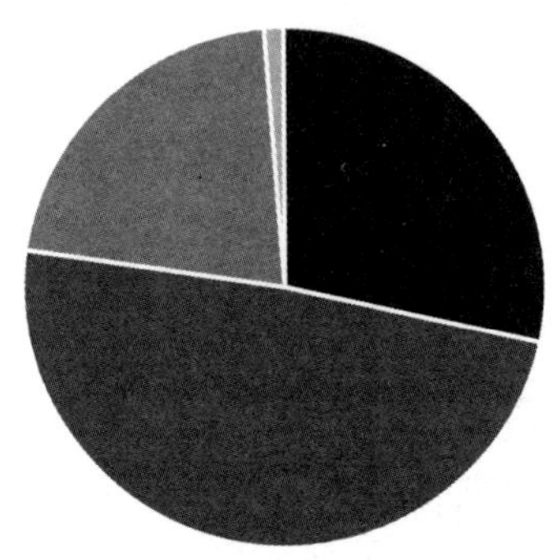

图6–1 直播电商平台用户城市线级分布图

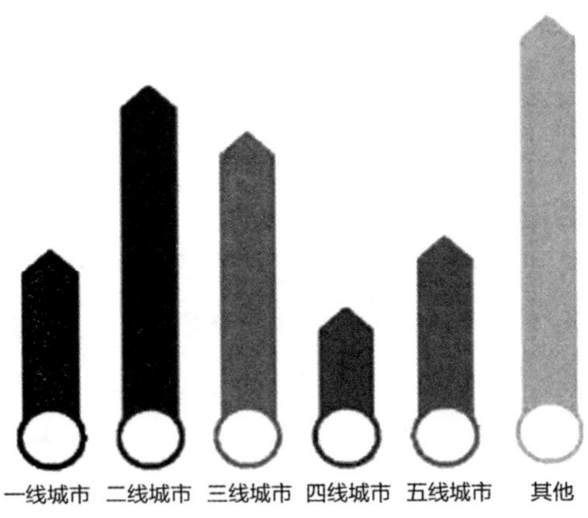

图6–2 淘宝直播用户城市线级分布

3.线上消费能力分布

直播电商平台用户线上消费能力200元以下的，快手占的比例较高为41.4%。直播电商平台用户线上消费能力主要集中在200~1000元区间。淘宝直播占60.4%，抖音占47.9%，快手占42.3%。1000元以上的，淘宝直播用户占比较高，达到28.5%，其次为抖音用户达到24.5%。

淘宝直播、抖音用户线上消费能力高于移动购物用户（15-35岁）。

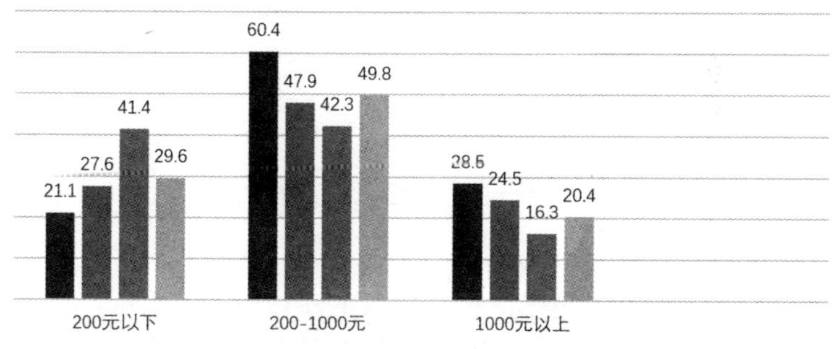

图6–3 直播电商平台用户及移动购物用户线上消费能力分布（单位：%）

4.购物频率

根据中国消费协会调查数据显示，用户观看直播购物频率普遍较高，每月购物一次及以上人数占比达到55%。每1—3个月消费一次人数占比36%，每4—6个月消费一次人数占比7%，每半年消费一次人数占比3%。

根据调查显示，超过一半受访者表示，直播带货能引起他们比较大的消费欲望。

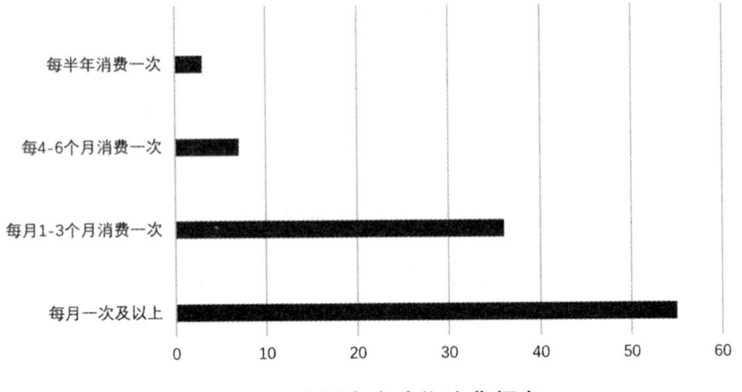

图 6–4　直播电商购物消费频率

5.消费偏好

消费者在直播电商购物品类主要以服装、日用百货、美食、美妆为主，其中选择服装的消费者最多，占比为 63.6%。

6.影响直播购物的因素

根据中国消费者协会调查数据显示，商品性价比高、展示的商品很喜欢、价格优惠是消费者选择观看直播购物的关键决策因素。

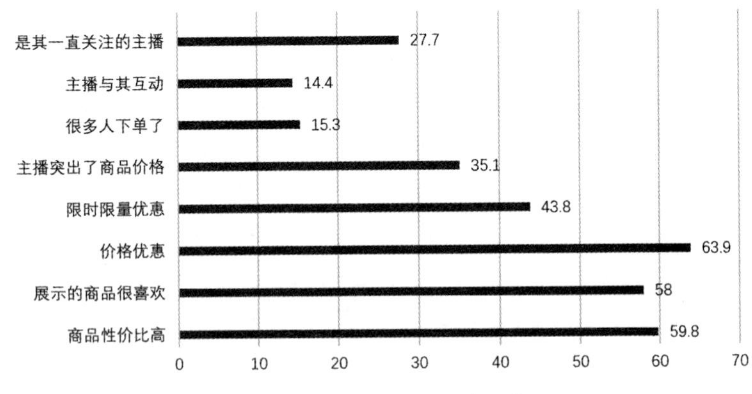

图 6–5　直播购物的驱动因素

根据21评测实验室调查数据显示，直播购物消费者冲动消费的比例较高，近半受访者表示因为被主播的推荐话术吸引，就忍不住“剁手”了。

挖掘痛点：解决需求才是真营销

众所周知，用户需求对互联网产品乃至任何产品来说，都是至关重要的。这关系到企业或运营者的生死存亡。

在互联网不发达的时候，占据主动权的往往是经营者，他们提供什么产品，用户就使用什么产品。而在电商高度发展的今天，用户的选择更为多样化，他们开始逐渐占据主导地位。对于商家来说，谁能更好地满足用户需求，谁才能获得流量，否则就有可能被淘汰。

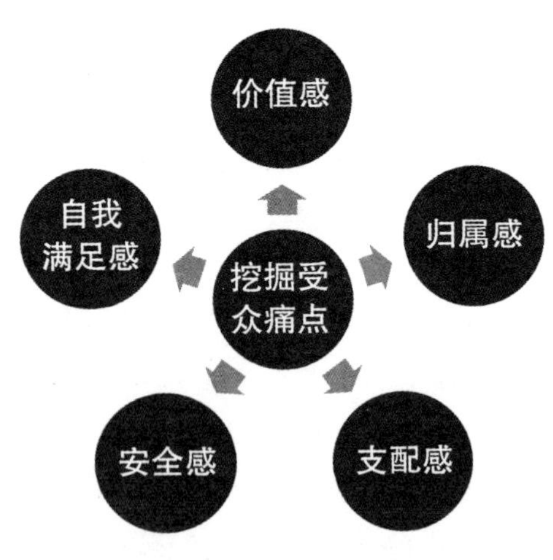

图 6-6　受众的主要痛点

因此以用户为中心，以需求为导向，才能在激烈的竞争中获胜。

无论何时何地，主播IP的内容营销中最重要的一点就是聚焦用户的痛点，即他们最关心的问题、他们的兴趣点和刚需。痛点是一个长期的挖掘过程，受众的主要痛点有哪些呢？

每一款商品都有自己特定的目标消费群体。我们必须根据商品的特点找到更有消费欲望的人群，然后说明他们的痛点和使用商品后能得到的效果。

例如我们需要销售一款复印机，这时候可以如此表达："我的好多粉丝都是白领，有些还是主管，甚至是老板本人。我们都知道，每一个客户都会从公司打印出来的文件的品质去评价公司的产品和做事风格，所以每一份文件其实都代表着公司的形象，您认为呢？"

先说出"客户关注文件品质"的事实，再制造"你的公司的品质不应该这样"的问题，那么何愁这款复印机没有销量？抓住粉丝亟待解决的问题做文章，而不是只顾低头念参数，那时就会发现自己的带货能力有了大大的提升！

销售护肤品时，如何挖掘客户痛点呢？护肤品的产品类型比较广，常见的有面膜、精油、保湿乳、祛痘产品、去皱产品等。在挖掘客户痛点的过程中，我们需要从所卖产品的类型，以及产品的功能入手。比如销售面膜，我们要清楚地知道面膜有什么功效、有哪些优于同类产品的卖点等。就拿有美白功效的面膜来讲，买面膜的人群主要目的是想美白，在与对方沟通的过程中，我们应该将重点放在面膜的美白效果上。在价格方面，如果我们卖的产品属于中高端，那么我们可以从低端产品的质量方面来挖掘客户痛点，让客户意识到“物有所值”，价格差异其实就是质量差异。

李佳琦在直播的时候，就很会利用用户的痛点。比如：“这款粉底液非常适合爱出油的朋友，一整天下来，也不会满脸油光。最重要的这款粉底不易脱妆，持续待机 8 小时都没有问题！”

那么，我们该如何寻求用户真正的痛点呢？

1.观察

我之前看到过一个故事，就是一个镇子上的淘金者越来越多，大家都在做淘金，所以镇子上卖水的人非常少。后来有一个人观察到了这一点，每天去小镇供水，最后这个人赚到的钱比淘金者赚到的要多得多。

痛点是用心观察出来的。在与粉丝的互动过程中，我们要用心了解粉丝的痛点，这样才能聚集粉丝痛点，实现产品销量大增。

2.设身处地地站在消费者场景中感受痛点

为什么VR行业一经问世，便广受欢迎？因为它的沉浸感特别强。沉浸感强，我们内心才有真实感。

痛点也是这样，我们需要身临其境才能感受到用户在这个行业中，究竟还有什么是他们认为至关重要且尚未解决的问题。

商品讲解是一个非常重要的环节。通常情况下，在每次直播前，我们都应该针对不同的商品做好不同的卖点解析和话术详解。

建议大家将商品的卖点通过单品脚本模板形式展现出来，使条理更加清晰！这样一场直播下来，主播面对十几款商品，才不容易出错。

用户心理：要带好货，就先懂点心理学

一定有某种诉求被满足，直播才会红起来。因为每一种爆红现象的背后，一定是对消费者心理的准确洞察。

曾经有一位爆红的主播说过这样一句话："直播用户就是我的受众。"从这句话中就可以看出直播的成功与用户的关联有多重要。

心理学高手不一定能做好销售，但销售高手一定是把握客户心理的高手。

1. 首因效应

首因效应是由美国心理学家洛钦斯首先提出的，也叫首次效应、优先效应或第一印象效应，指交往双方形成的第一印象对今后的影响，即"先入为主"带来的效果。虽然第一印象并非总是正确的，却是最鲜明、最牢固的，并且决定着以后关系的进程。

如果一个人在初次见面时给人留下良好的印象，那么人们就愿意和他接近，彼此也能较快地取得了解，并会影响人们对他以后一系列行为和表现的解释。反之，对于一个初次见面就引起对方反感的人，即使由于各种原因难以避免与之接触，人们也会对之很冷淡。在极端的情况下，甚至会在心理上和实际行为中与之产生对抗状态。

所以你会发现，涉及消费的产品，第一次对用户总是格外优待，不仅有各种新用户立减、免单、福利礼包，甚至你玩任何一款手游，都有首充大礼，总能花很少的钱或不花钱而获取各种皮肤和装备。这就是为了美化你对产品的第一印象，当然这种优惠通常只有一次。

先入为主的第一印象在相当长的一段时间内很难改变，这是一把双刃剑。如果你的新用户体验糟糕，那么想扭转印象的成本非常高，甚至会直接流失这名用户。所以无论后续如何，用户对产品的首次体验一定要好，服务与福利一定要到位。

2.罗森塔尔效应

这个效应由美国著名心理学家罗森塔尔和雅各布森提出，指的是赞美、信任和期待具有一种正向能量，能够改变人的行为，朝着预期的方向发展。

特别是在KOL的运营上，我们经常会在其完成某一个阶段的任务时，给予肯定和赞美及物质上的奖励，KOL在受到激励后增强了自我价值，变得更加自信、自尊，获得一种积极向上的动力，并会努力产出以达到我们的期待。

用户运营中有句话：唯有用户与爱不可辜负。我们不能吝啬对用户的溢美之词。俗话说知音难觅，当好用户的知音，让用户知道我们对他们的认可、欣赏、期许，要懂得激发用户潜力，很多时候感情到了，这些知音甚至会带动自己的粉丝和人脉，为你完成KPI。

3.从众心理

从众心理指个人受到群体行为的影响，从而在自己的知觉、判断、认识上表现出符合公众舆论或多数人的行为方式。实验表明只有小部分人能够保持独立性，不被从众，因此从众心理是部分个体普遍具有的一种心理现象。

人是一种社会性动物，从众就是跟大家在一起，跟大家选的一样，这会极大地满足人的心理需要。很多主播卖产品，都利用这一心理。

关于对用户“从众心理”的利用，没有人能赢得过李佳琦。对于大家比较熟悉的产品，除了最常规的“我同事都在抢，我妈妈都会在直播间抢”之外，他会从自身出发，给用户分享“××产品有多受欢迎”：

- 我自己买都是买几十盒的……
- 这个××小助理都在用，是他特别喜欢的……

对于用户不太熟悉的品牌，他会用数据证明这个产品有多火爆：

- 日本的药妆店都会有的产品，70%的日本女生都用过这个牌子……

为了表示产品畅销、靠谱，他会直接说：

- ××就是是我卖爆的品牌……
- 这个产品在开卖之前，已经有10万人加购（提前添加购物车）了……
- 这个牌子的东西，闭着眼睛抢就完了，这个价格你什么都不用想，就是抢……

4.詹姆斯空鸟笼效应

哈佛大学心理学家威廉姆·詹姆斯研究发现，如果你在家里放一个鸟笼，那么来家里的朋友总会问你：“鸟在哪呢？飞走了吗？”慢慢的，你自己也会觉得奇怪，既然鸟笼都有了，为什么不去买只鸟呢？

大家都会用外卖软件订餐，你会发现APP每天都会给你发各种优惠券，你拿着优惠券时就会想:“要不就用了吧。”还有很多APP里会有积分商城，告诉你“100积分+10元”就能购买价值299元的VR眼镜，积分也没其他用处，那就加10元钱用了吧。

优惠券就像鸟笼，得到的时候用户并没有付出什么，但如果不用，就会有一种心理暗示：拿都拿了，不用感觉有点儿亏，于是就产生了消费动机。

抓住时机：掌握节点，精准投放最划算

很多主播抱怨，即便是费尽心机做了准备和宣传，但是直播间的粉丝增长并不明显，感觉自己的时间和资金都打了水漂。如果确定自己的直播水平、用户需求定位、内容营销等方面都没问题的话，就要考虑投放营销广告的时间是否合适了。这和直播预告发送的时间与粉丝在社交平台上的活跃周期、直播真实时间的间隔等因素息息相关。

直播的人气时间相对固定，根据全网统计数据表明，人气峰值大约出现在晚上 7 点—10 点，这是绝大部分职业的休息时间，人们利用这个休息时间看直播的可能性非常大。早上 8 点和下午 1 点—2 点也是两个小高峰，但时间较短，所以早上和中午适合做一些较短的直播。

1. 抓住预告时机

与实际直播时间不同，预告所选择的时间节点更为灵活。微博、微信公众号等都可以成为预告的阵地，因此主播需要更多地参考移动端社交平台用户的活跃时间。

根据直播观众用户群体，可以分为上班族、大学生、母婴三大人群。他们的时间峰值各有不同，母婴群体在工作日与休息日活跃曲线变化不是很大，而上班族和大学生则不同。

工作日，上班族和学生更多在上午比较活跃，休息日则没有明显的峰值。因此直播预告要避免他们的午餐和晚餐时间，以及深夜的休息时间。并且直播预告最好不要选在休息日，因为休息日是实际直播的黄金期，预告则需要提前。

需要特别关注的是，预告的推送时间最好选择在峰值出现前的30分钟左右，这样可以留给用户一定的时间去浏览和转发，避免错过峰值。

2.选择直播时间

很多新人主播都对自己到底什么时候开播表示十分纠结，晚上观众多，但是大主播直播的也多，根本抢不过；白天观众少，感觉播的再好都没人看。

时间段的选择对直播而言非常重要，据数据显示，粉丝观看习惯有着明显的活跃期和低迷期之分。

上午5点—10点这个时间段看直播的人最少，因为困！但是同样，直播的人也是最少的，这就意味着竞争非常小。新手主播如果能把这个时间段的用户牢牢掌握，对自己也是非常有利的。新手和反应慢的主播及商家，以及产品单一的主播和商家，可以选择这其中的某一时间段进行直播。

下午1点—5点，开直播的人慢慢开始多了起来，但是大主播一般都还没有上线，这个时间段的用户大都比较懒散。研究表明，在下午2点—4点这个时间段请求帮助成功的可能性会提高80%。所以这个时候只要主播多进行促销，还是能收获不俗的成绩。

晚上7点—12点，大主播们纷纷上线，土豪玩家们也开始活跃起来，大主播在这几个小时收入惊人，而小主播们只能守着寥寥几个粉丝缩在角落了。不过如果你足够优秀，总有一天也可以成为大主播！不建议直播小于3个月的主播和商家在这个时间段直播，因为原本可以在其他时间段打基础优势的直播机会，被白白浪费了，这就是很多人播不好、没流量、粉丝无法沉淀的原因。

以淘宝直播为例，可以将直播时间分为上午场、下午场、晚上场、深夜场这几个时间段，根据自身的情况选择直播时间和直播内容。

深夜场沉淀粉丝和流量，上午场和下午场最容易存在合理地转化，晚上场做好一切准备再考虑，还有根据类目和自己内容选择合适的时间段，不见得人多的时候就是转化好的时候，初期做直播的核心环节在于转化，不在于流量。

紧跟潮流：从社会热点切入用户兴趣点

在飞速发展的网络时代，热点就意味着大量的流量的关注，所以不管做任何营销都离不开热点。直播营销更是需要及时发现热点并以此展开直播。

如果抓不住热点或抓晚了，那么你的直播很可能会过时。大部分的产品，网友第一次看到可能会觉得新鲜有趣，第二次看到也许会觉得还可以，但第三次甚至更多次之后，就极可能产生厌烦情绪。因此，对于市场热点的把握非常重要。

1.速度

及时性永远是蹭热点的第一位，因此我们做直播策划的时候，必须随时关注市场的发展和变化趋势。想要创造热点，关注和寻找热点是最基础的一步，需要在众多信息中挖掘筛选出自身可以利用的热点。时事、相关行业动态、网络热门话题等都能成为寻求关注的热点。

比如2020年7月，暴雨肆虐南方，引发了网友大范围的关注，网友在关注灾情的同时，也在创造、传播暴雨天气的应急攻略，以保自身平安。在这样的舆论环境下，主播可以在直播的时候先与粉丝交流最近的天气，以及暴雨天气保护自身安全的知识，最后可以分享自己的一些产品。

2. 完美融合“特点+热点”

直播的时候，主播可以结合产品的特点，加入一些热点元素，这样就能完美融合市场，做出传播广泛的直播。

例如三伏天的“高温”“酷暑”是热点，人们更喜欢代表凉爽的产品，于是某茶叶品牌就推出了有自身特点的冷泡茶系列，帮助人们度过炎炎夏日。

2020 年上半年电视剧《三十而已》直接火出圈。《三十而已》自开播以来，喜提微博“150+”次热搜，观看量突破 44 亿！关于年龄的话题如同三伏天的热度，居高不下。“三十岁”这个字眼本身就很敏感，自带话题。对很多人来说，迈入三十岁，就仿佛成了“套子里的人”，很难再跳脱出来，随之而来的就是波澜不惊，“温水煮青蛙”。但剧中三位个性、经历迥然不同的女性，让我们看到了“三十”不过是“而已”。哪怕焦头烂额，哪怕折腾万分，哪怕每天睁开眼就是新的挑战，也没有怕的。因此，主播可以利用这个热度，策划一场关于三十岁女性的直播专场。

• 都说三十岁最好的状态是永远保持年轻的精神状态，即使有工作要操心，生活上有烦恼,也要花时间精力保养自己，散发属于自己的光芒。

燕窝中的独特的美容因子——表皮生长因子EGF可以促进细胞分裂，人体本身也能分泌足够的表皮生长因子，保证表皮细胞的更新速度，不过三十岁以后，体内EGF分泌会减少，皮肤也就会出现各种衰老症状。

• 当我们到三十岁的时候，皮肤开始从巅峰状态慢慢地在走下坡路，弹性和光泽都不会有以前好。过了三十岁后，肌肤的保水能力急速降低，水分的大量减少会造成干燥、粗糙、缺乏弹性等皮肤问题，因此肌肤护理的第一要务就是补水保湿。

图 6–7　薇娅直播预告标题

3. 用关键词做噱头

在做直播的时候，主播要学会利用关键热点词汇来做噱头，因为热点词汇往往能够吸引人们的眼球。在互联网时代网上的热点词汇和事件往往能带动用户的传播和分享。

有一个非常有意思的现象，苹果发布会后的当天，类似虎嗅、i 黑马、爱范儿等科技媒体的公众号对苹果发布会的推文在几小时内便阅读量破十万；新浪、凤凰等门户网站第一时间把发布会的相关新闻推到首页；搜索引擎（百度、360）在发布会后的当天，关于“苹果”这个词的流量也达到了峰值。

可见苹果发布会已经不是一个单纯的手机或硬件发布的新闻，变成了一个热点，一个大部分人会关注的事件。一般来说，前沿产品的发布，热度会持续大概 2~3 天，很快会被其他热点事件取代，而一些突发的事件、明星的新闻或类似苹果这样的体量级别的科技巨头发布新品时，该话题的热度可以持续大概一周，随着媒体的不断发酵，时间甚至可能更久。

因此在直播预告中，我们可以加入“苹果”之类的关键词，成功蹭到热度，收获流量和点击率。

循环输出：让用户无法拒绝你的产品

一场晚会或一场球赛，现场观众在开始前就已经落座，重点部分在开场点明即可。但网络直播随时会有新人进入，所以主播要在直播进行中，反复强调营销重点。

当你想要通过直播间卖出某一个产品时，需要做的不仅仅是简单推出这款产品，还应该不断给这个产品“加冕”，即多次夸赞该产品，不断呈现产品的优势、好处，给用户灌输“不买就是赔本”的观念。

具体可以从以下几个方面入手。

1.强调性价比

主播站在消费者的角度思考想要购买的产品，必然有着较高的性价比，在同等价位中，品质更高，功能更全面，最好能给消费者一种占到便宜的感觉。所以，从绝大多数反响不错的爆品来看，价格选择必然是以中档为主，突出的是性价比的优势。这也是直播的万能套路。

换言之，价格低质量好。

用户为什么选择直播间购物？因为方便、便宜。这也是目前网络购物的一大基本特点。

比如薇娅在卖一款羽绒被时，她一直强调，“不用想，直接拍，只有我们这里有这样的价格，往后只会越来越贵”。不断重复强调直播间的价格优势。

直播间选品的价格很关键，一般用户都是奔着“全网最低价”来的。如果一件商品不能符合大众心理预期的价格，那么这件商品就很难卖出去，性价比高的产品更符合用户心理的产品定位。

2. 找好参照物做对比

如何在短短的直播时间里，快速突出产品的优势？寻找参照物是最有效的方法。当你在介绍自己的产品时，可以选一个品质比你的好，价格却比你高很多的产品；再选一个虽然价格比你低，但是品质比你差很多的产品，如此一来，就很容易放大你的产品优势。

李佳琦在想突显自己直播间的价格优势的时候，通常都会对比线下专柜的价格，并且经常“有图有真相”。想突显产品的某个优势，就要找好参照物，在对比之中让观众获得切实的感受。

3. 给用户一个惊叹的瞬间

直播营销不等于淘宝广告，也不等于朋友圈微商的灌输性卖货。在直播中，主播可以直接试用产品，给用户清晰立体的画面感。要想让用户购买产品，需要在试用的时候，给用户惊叹的瞬间。就是让用户在观看直播或使用产品的时候，由衷发出赞叹——这就是我一直寻找的感觉！

就像海底捞，让用户在普通餐厅享受五星级服务。主播提高对自己的要求，拿出专业素养给用户明星级别的体验，就是惊叹的瞬间。

案例 明星主播刘涛带货的5大秘诀

2020年，直播行业风头正劲。刘涛变身主播“刘一刀”入驻聚划算百亿补贴官方直播间，首场直播4小时狂揽1.48亿元，直播间观看人数突破2000万，刷新全网明星直播数据。

刘涛的第一次直播带货，就能有如此傲人的成绩，有以下5点原因：

1.喜欢购物，爱分享种草

“涛姐超会买东西。”这是和刘涛共过事的人对她的一致评价。兴趣是最好的老师，每当谈到购物的话题，刘涛的身体总会不自觉地向前倾，然后滔滔不绝地给大家讲述自己的购物经历。

每一次购物分享，她都会很认真地告诉别人，这个多少钱、在哪里买的、有什么好处，让听者不知不觉就被“种草”了。作为一名演员，剧组相当于刘涛的长期驻扎地，喜欢集体生活的她，对周围的人总是满怀热情。她每到一个剧组都会把那里当家，把剧组的人当作家人，总是像大姐姐一样去分享好物，照顾身边的人。这已经是她工作之余的一部分了。

喜欢购物，爱分享好物，爱给身边的人“种草”好物，这大概是聚划算找刘涛做官方优选官的原因之一。

她需要全力做的，就是分享。或许也很难找到另一个明星，比刘涛更擅长做这件事：一个常常以会过日子形象出现的女演员，一个有独立事业、也要照顾家庭的优秀女性，一个购物爱好者和砍价小能手，也是一个专业敢拼的女商人。

2. 熟悉产品

iPhone11、戴森吹风机、53 度飞天茅台、椰子鞋、两折公务机券……“刘一刀”的直播间爆款连连，高潮不断。作为聚划算首席优选官，刘涛在聚划算百亿补贴的官方直播间推荐了近 50 款顶尖好货，超过九成的“尖货”一上架就被秒光，光是补货就有二十多次。

这场淘宝直播首秀，刘涛有备而来：她对每款货品的日常价、补贴价、功能特点都做足了功课，从功能定位到优惠力度，全然是职业头部主播的水准。

刘涛用专业的态度，将自己喜欢的事情，通过直播间呈现给大众，用真心和真诚的态度去“种草”每一件好物。她有什么理由不成功呢?

3. 注重选品

“刘一刀”直播间场场爆满，除了她的明星身份和专业范儿，以及聚划算的百亿补贴外，制胜因素最关键的还是货品。

在选品上，聚划算会围绕刘涛的人设，挑选与刘涛有“共性”的高性价比产品。聚划算的选品团队与招商团队是独立运作的，他们站在消费者的角度挑选货品，而非行业平台角度。

聚划算内部选品流程有三轮——小二提报一轮，直播项目团队筛选一轮，最后再给刘涛。当负责选品的团队，将经过层层筛选、最终留下的100多件商品给她从中挑选时，他们发现，这次的合作对象比原先预想的合作对象要严格得多——在筛选的过程中，刘涛会和选品团队一起体验使用，因为只有自己了解的才能更好地推荐给大众。在筛选现场，她会经常和选品团队一起讨论，拿着表格仔细核对商品的价格和细节，力求传达给用户更好的体验。

她会浏览每个商品的评价，还会去微博、小红书上进一步搜索，确保评价过关，才愿意直播。

选品团队偶尔私下会交流，觉得从选出来的商品看，涛姐这个优选官真的太敬业，因为选出的东西性价比高。

刘涛会更倾向于卖新行业新领域的商品，尽量避免与同行销售类似的款式，打造差异化直播间。在选品现场，刘涛也会与小二们一起体验实物，例如一款洗牙器，刘涛会直接入口试用，为的是在直播中将真实体感告诉消费者，而非念台本。

回看刘涛的几场直播，我们会发现她的选品结构也在逐步升级。从首场的大量符合刘涛人设的家居日化品类到顶级品牌进入，刘涛直播间后端盘货的能力逐步上升，多品类、多领域的补贴货品也带来了更强的爆发力。

唯一不变的，依然是靠谱的品质和划算的价格。

4. 价格最低

“刘一刀”这三个字，居然在短短三个月内，变成了明星直播行业独树一帜的IP化符号，还发布了首套明星直播形象识别系统——“刘一刀”。“刘一刀”的粉丝们有一个很特别的名字——刀客们，听上去像是一个侠肝义胆、纵横江湖的庞大家族。

刘涛就是要在聚划算百亿补贴本就优惠的价格基础上再“砍价”，让“刘一刀”直播成为全网低价的代名词。

电商直播是消费者和商家之前架起的桥梁，也常常要努力维持着微妙的平衡：要怎样谈价格，才能既不让商家吃亏，又能让顾客满意？对于一个好的电商主播来说，把东西全部卖出去是台前的功夫，而在这背后，更考验他们选品和砍价的能力。

“用心承诺，给出更低的价格。”或许就是主播“刘一刀”对刀客们最直接的爱。

5.沉浸式直播

沉浸式直播带货说的是直播环境，这是刘涛提出的新想法。颠覆了传统直播模式固定一处、货物堆积如山的方式，更强调的是物品的使用环境，增加了场景感，让原来叫卖式的直播环境，多了一点家的温情感。

客厅里放着三人沙发，铺着地毯，背后是开放式厨房和岛台，二楼还有卧室、浴室和读书角。因为直播间追求家的感觉，所以刘涛要求不要滤镜，也不要环形灯。不要一直坐在沙发上，用固定机位对着脸拍。不要念台词，也不许小助理背台词。

刘涛认为：“其实直播是一个生活空间的分享，和自身的生活息息相关。”所以刘涛只是把直播当成她的日常，她在分享她的日常。刘涛说：“你到了这样一个环境里，大家才会跟着你感受这个产品在环境当中的作用。而不只是把它放在桌上，然后说多少钱，买，下一个。”

因此，在刘涛的直播间，直播场所不是固定的，而是不同物品对应着不同的使用环境。

厨房是给全家人做饭的地方，所以在这里介绍破壁机和烤箱最合适。旁边就是一家吃饭的餐厅，正好介绍即食小龙虾、啤酒和各种零食。她喜欢收拾屋子，所以对收纳很在行，出门的箱子里，化妆包、换洗衣物、洗漱包、零食包总是分门别类，依次放好。

于是，在第一次直播中我们看到，她介绍了一款可以抽真空的衣物收纳袋。在镜头前，她一边用力抚平收纳袋的褶皱，一边介绍优惠价格和使用方法。那件真空收纳袋，是整场直播带货里介绍的第一件商品。介绍完成后，她往沙发后面一靠，如释重负地擦了擦脸上的汗，然后顺理成章地介绍起了擦汗用的纸巾。

在刘涛的沉浸式直播环境中，被直播的物品都是自然出现在镜头前的，而不是生硬地摆上台面。

从罗永浩慢吞吞式的直播方式，再到刘涛沉浸式的直播方式，无一不在颠覆传统叫卖式的直播。

未来将会有更多的人进入直播行业，强调场景感的沉浸式直播，未来或许场景感的沉浸式直播会成为直播的主流方式，可能也会更受品牌主们的青睐，因为刘涛用事实证明，沉浸式直播带货，4 小时成交了 1.48 亿元。

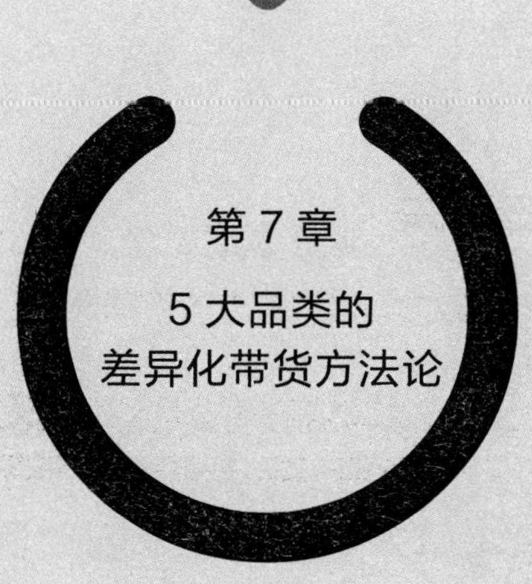

第 7 章 5 大品类的差异化带货方法论

品类细分，打造专属带货技巧。

2020年或许更应该成为直播带货的转折点，因为疫情的影响，线上的流量暴涨，直接带动了直播的流量和销量。

用户行为的改变直接影响了商家与带货达人的销售方式，一大批企业和达人开始把视角转向了现场感超强的直播，想要通过直播带动商品销量。不过，嘴上说要直播无比简单，等落到实际操作，没有直播经验的小伙伴们就开始摸不到头脑了。

美妆类：跟主播学化妆，做最美女生

近年来，美妆类行业销售额持续增长，虽然疫情期间遭遇挫折，但降速低于社会消费品总体，展现出良好的发展面貌。

根据《2020—2026 年中国美妆行业市场运行态势及未来发展前景报告》数据显示：2019 年中国化妆品零售总额为 2992 亿元，同比增长率为 12.6%。美妆线上消费场景既包括典型的认知转化路径，也形成了实时“种草+拔草”的闭环，超短路径充分释放了美妆人群的消费潜力。

1.美妆直播用户画像分析

• 性别：爱美是女性永远的话题，因此女性是美妆产品消费的主力军，占比 76.8%，男性占比 23.2%。

• 年龄：18~28 岁的年轻人对美妆的青睐程度超过其他年龄段。而这些年轻群体，以大学生为例，他们有活力、有个性、好奇爱尝鲜、喜欢追求品牌和潮流，并且善于表达自己、乐于分享。

• 地域：主要分布在一线及沿海较发达城市。三线及以下的城市之间占比相差不大。

• 品牌格局：不以出身论品牌，涉及的品牌涵盖范围广泛，不仅钟爱国际大牌、平价品牌，还涉及小众品牌。关注高性价，更注重产品功能及口碑测评。

• 品类top4：眼影、面膜、防晒、口红。

2. 主播人设：有颜值的“专家”

看美妆直播的人，大部分都是“颜控”。曾经有一个关于“颜控”的调查，调查过程中为了保护被测试人的权益，采用了在线调查的方式。该调查的主题是：“你会是颜控中的一员吗？”结果显示：66.8%的受访者觉得自己身边的“颜控”很多，51.9%的受访者认为自己身边的“颜控”非常多，33.8%的受访者认为自己是“颜控”。

美妆主播的妆容主要体现在脸部，有很多小细节需要特别注意。比如，女性的底妆、眉形、眼影，男性的眉毛、头发、眼睑等。其妆容需要比较夸张，以便更好地衬托产品效果。

当然，主播的妆容还应该考虑其自身的气质和形象，这才是根本。比如刘涛作为成熟女性的代表，其本身长相就偏向硬朗知性，若放弃现在的妆容，换上韩式“一字眉”，粉嫩的腮红和唇色，那么直播间效果不会好；偏“幼齿潮流”的雪莉却正适合这种带少女感的妆容。

因为美妆产品的受众主要是广大年轻人，他们是追逐潮流的群体，如若主播能够在每次直播时的服饰、妆容、发型都走在潮流前列，就能更加吸引粉丝的追捧和关注。

3. 直播间的摆设

针对化妆品直播间设计，考虑时下流行的直播、短视频营销，建议条件允许情况下，融入直播间设计，直播间背景装饰避免复杂，色彩的饱和度应较低，避免俗气。搭配颜色可结合需要自由选择，装饰上可以结合道具，也可以结合自身产品包装盒，砌起产品墙。吧台造型有一定弧度为佳，台面设置挡板，顾客看到不会觉得杂乱无章、不舒适，台面尽量简易，但物品要详细。合理有效的设计将在一定程度上改善整个直播间的空间体验。

化妆品类的直播间装修风格的灯光效果一定要好，这样才能凸显美妆效果。直播间装修风格也以简单为主，在合适的位置摆放化妆品，避免给用户带来产品低劣的感觉。

此外，化妆品品牌可以巧妙融入直播空间，“直播间不仅是个销售场景，更是品牌第一时间倾听消费者心声并与消费者交流的平台”。

4.美妆主播常用的4大招数

招数1：了解痛点，提出问题

结合消费场景，提出消费者的痛点、需求点，给消费者一个购买产品的理由。比如夏天时，防晒很重要，在推荐防晒产品前，主播要注意先铺垫，讲讲自己的感受和困扰。聊天式地提出问题，并让这种“问题”成为活跃直播间的话题。

以解决问题为出发点，引入产品解决上述提出的问题。比如通常有哪些防晒的方法呢，可以穿防晒衣、擦防晒霜、用防晒喷雾，逐一推出产品。

招数2：感官占领，直播间现场试用

从产品外观设计来说：外在颜值及设计是不是可以让用户使用起来更方便。

从产品的质地来说：可展示产品的水润程度、延展性等。

从产品的使用方法来说：什么时间段使用，用量多少。

从产品的使用效果来说：主播们可以给粉丝展示一

下该产品的上妆效果，比较适用于效果明显的彩妆、洁面等。

从使用技巧来说：对使用技巧进行分享，可以边化妆边展示讲解产品。

从使用感受上来说：可以分别从使用前皮肤是什么样的状态，使用后皮肤变成怎样的状态来进行讲解，真实的反馈给直播间的粉丝们。

招数 3：展现专业度

为什么美妆直播带货主播一定要专业？原因有两个：

一是在绝大多数用户的内心深处，希望“专家”来引导和帮助自己进行决策，消费决策也不例外。因此，专业度较高的人更容易获得信赖。为什么李佳琦能在一众美女直播网红中脱颖而出？他多年的化妆品柜台导购经验功不可没。

二是在带货直播过程中，主播需要对网友提出的问题进行及时反馈。

其中，一些是相对专业的问题，比如化妆品的成分等；还有一些问题只是因为网友内心犹豫不决，比如“这支口红是否适合我”？主播的回复需要专业又体贴地解决这些问题。所以，如果主播卖美妆产品，就不能对化妆品、肤质等一无所知。

美妆直播带货并不是在直播间和大家聊天就会有人买你的东西，你需要展示产品的亮点，戳到能让他们购买的点，这背后需要的不仅是成熟的销售技巧，还有对产品的专业诠释、对粉丝问题的专业解答。

“我每天都在研究美妆，只有对产品足够了解，我才能挖掘卖点，知道粉丝喜欢什么。”薇娅在销售美妆前要先弄清它的成分，再去请教专家，慢慢的，薇娅眼睛一扫就知

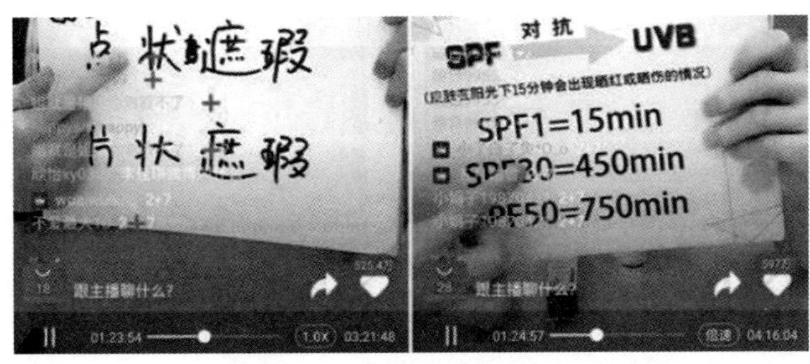

图 7–1 遮瑕与防晒专业介绍

道哪些化妆品会有卖点。薇娅在一次采访中提道，“如果你真的站在买家的视角，就得每天不停地学习，学习各种产品知识，让粉丝信任你，需要你”。

近几年来，消费者们对化妆品的成分关注度越来越高，甚至会去网上查安全性，他们常常愿意为含有某种有效成分的产品而买单，也会因为含有某种成分而拒绝购买。建议美妆博主除了对产品功效多做了解之外，一定也要对成分做好功课，因为这些通常都是用户非常关注的方面。

招数 4：因人而异，推荐针对性商品

各款美妆产品的适合人群不同，主播不能做笼统售卖，需要根据粉丝的肤质、需求，推荐有针对性的商品，降低退货率。

不同的人的皮肤类型也不尽相同，针对不同类型的皮肤，护肤品的效果也会产生差异。况且对同一个人来讲，不同的阶段皮肤的状况也不一样，会随着年龄、季节、生活习惯的变化而改变。

“脸上有斑的朋友请注意：如果是晒斑的话，这款祛斑产品是可以把斑去掉的；如果是从小就长的雀斑，说实话是不能根除的。”

“这款眼霜适合25—35岁的朋友，25岁以前不建议使用，因为眼部不会缺那么多营养。”

“长时间化妆的朋友看过来，这款卸妆油温和不刺激，用完还不紧绷。”

服装类：学会潮搭配，秀出真自我

“流量即入口，流量即金钱。”近几年，在“互联网+”时代下，服装走进了直播间，玩起了“服装+直播”。

对于服装品牌来说，直播意味着更快的时效性、更鲜明的话题性和更立体的视觉感官，能够带来大量的流量红利。

比如茵曼，它用短视频直播等新晋流量入口强势发力、层层导流，线下500多家门店承担同步促销和增加互动体验的职能。他们还打通短视频平台发起全民挑战赛，引发有效的话题传播；其抖音号精准定位内容标签与内容调性，从一众服装达人、品牌号中脱颖而出。截至2018年12月，粉丝突破60万，累计视频阅读破亿，获赞超过500万次。

其实，服装行业直播的成本并不高，虽然有的网红店因为出货量大，拥有自己的团队。但其实绝大部分的服装店只要做好准备工作，一个人、两个人也可以直播。

1.主播人设：有特点的“潮人”

首先，这位主播一定要擅长表达，表达清晰有逻辑；其次，服饰类主播自身的穿着打扮应该就有其特色，穿具有一定时尚品位的服饰进行直播，能完美地展现出衣服的美感，因此对主播的身材、姿态、表情要求也比较高；另外，主播还要懂得买衣服的技巧，懂得直播间的顾客心理，随时灵活改变讲话内容。服装直播建议最好有两个人，且在身材上要有差异。

2. 直播间设置

服饰类商品的直播间，相对比其他的直播间要大一些，需要一个 6~15 平方米的空间，并没有试衣间，这样才够施展。直播的时候顾客会通过你的展示和环境的整体效果想象衣服穿在自己身上的感觉。所以直播间的环境一定要好，可以在直播间放一个大的镜子，让主播先观察一下衣服穿的是否得体。

直播间地面可以选择浅色系地毯、木地板。如果你在直播间卖衣服，就可以放衣架或衣柜，将衣服摆列整齐。还可以放置一个小黑板，上面写上直播的身高体重等数据，方便顾客参考。对线下服装店来说，店铺里客流量不大的时候，做做直播，可以缓和人流量枯竭时店面的尴尬。

服装直播的要求会更高，需要看清楚服装的颜色，服装的材质，甚至是服装的细节都要很好的展示出来，一般的家用常亮灯光是没有办法实现的。我们需要有主光、辅

图 7-2　服饰类直播灯光

光、轮廓光、面光。

这里分享两个小技巧，可以让小的直播间在视觉上变得更大。

技巧 1：主播站在对角线上

主播站在对角线上可以使画面得到很好的纵深与立体效果。画面中的线条还可以吸引人的视线，让画面看起来更有动感及活力，达到突出主体的效果。

技巧 2：主播后排多放物品

除了使用对角线外，大家还可以在主播的背后增加物品的摆放（沙发、衣架、模特）。这样整个直播画面就会被切割成前中后三个部分，增加直播间的长度。

直播间更宽

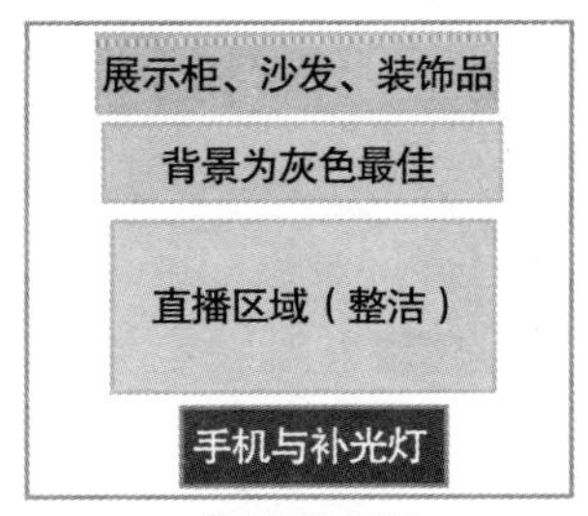

直播间更长

图 7-3　直播间布局

3.服饰类直播常用的带货流程

在日常直播答疑中，我发现不少主播在直播过程中存在一些问题，比如：衣服直接拿在手里讲解，不上身试穿；只强调价格多么划算和报码数，没有认真介绍衣服本身；留给粉丝“种草”的时间太少，并且讲解没有吸引力，没法勾起粉丝们的购买欲望。

现在，我就跟大家分享服装类的“种草”流程，这个流程秒杀类的主播和走高货的新主播都可以直接使用。

步骤 1：试穿演示

• 首先要简单介绍一下主播的身高体重和试穿的服装的尺寸。

• 演示的时候注意走位，远景看整体搭配效果，近景看衣服的设计亮点。

• 上身后，前后左右的效果都要给粉丝展示清楚。

步骤 2：讲解风格

• 风格是一件衣服给人的整体感觉，通常一个人偏爱的穿衣风格是固定的。

• 服装是韩风、日系风、欧美风，还是小香风、名媛风、学院风？这些都要清楚地告知粉丝。

步骤 3：讲解版型

• 身材越是不标准的人对版型越有要求，向他们推荐可以帮他们扬长避短的版型，会很受青睐。

• 宽松版型——包容性强且显瘦；长版型——遮臀部、遮大腿；修身版型——显得人比较精神。

步骤 4：讲解面料

• 主播需要准确说出衣服面料的优质性和该面料的好处。可以采用一些方法，比如将衣服的面料放到热水杯上来展示服装面料的透气性，或者泡水揉搓显示不掉色。纯棉吸湿透气、聚酯纤维造型挺括不易变形、针织细密保暖、皮衣防风且上档次。

• 可以拉近镜头，给用户展现一下服装袖子的缝合处之类等细节。适当地对服装布料进行揉搓，给服装面料一个特写。近景演示面料的细节纹理、柔软度、舒适程度等。

步骤5：讲解颜色

• 展示同款服装的不同颜色，讲解衣服的整体颜色给人什么样的感觉，比如白色典雅，黑色酷感十足，紫色高贵，粉色可爱等。

• 讲解颜色给人带来什么好处，比如正红色显肤白，黑色显瘦等。

步骤6：讲解图案、工艺、细节——设计亮点

• 讲解衣服图案的流行元素，突出衣服的时尚感。

• 讲解衣服的工艺精致度和稀缺程度。

• 展示衣服的细节，比如领口、袖口、下摆等位置通常会有些小设计。

步骤7：讲解搭配、穿着场景

• 演示搭配非常重要！可以一衣多穿，这也是衣服性价比的一个绝佳体现点！

• 讲解搭配时，不能空讲，不能单纯说这件衣服可以搭什么，而是尽量要把整套搭配展现在镜头前面，无论是把搭配款拿在手上讲，还是上身试。

• 条件允许的话，一件主推款尽量做两套风格不同的搭配，迎合粉丝们不同的场景需求，例如约会、休闲、上班等生活场景。

相比其他品类，女装直播间形态较多，例如单人、双人、多人、男女搭配、现场走播等。每一种都有其优缺点：单人、双人直播模式，需要提前推货，但是直播时长与展示效果等比较稳定；多人现场走播直播模式，能展示的商品款式较多，成交概率更高，但是影响直播的因素较多，有太多不可控因素。

当然，还要注意以下几点：流程是固定的，互动是灵活的，大家一定要根据直播间里的实时互动不断调整自己的讲解流程；遇到大家有兴趣的可以增加“种草”时间，遇到反响平平甚至没有回应的产品，要及时果断弃之，不要死缠烂打并一直问：“有没有宝宝喜欢这款？”

日用品类：精打细算，做生活小能手

以抖音为例，我们发现，2020年5月日用百货的热度上涨不少，尤其是使用场景广的快消日用品，连续两周蝉联热销商品周榜榜首。以周榜NO.3的“垃圾袋”为例，一周的销量达到7.16万元，获得抖音浏览量74.5万。这款“垃圾袋”在短短一周新增4857个推广账号，关联1038个直播间。可想而知日用品带货有多火爆。

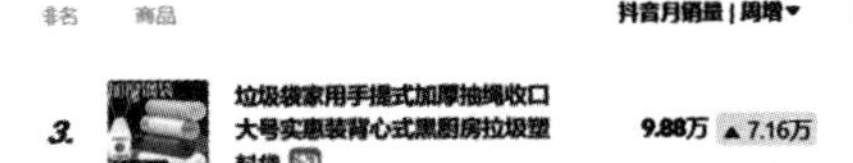

排名	商品	抖音月销量 | 周增	抖音月浏览量 | 周增	月推广账号数 | 周增	全网销量	价格	佣金	操作
3.	垃圾袋家用手提式加厚抽绳收口大号实惠装背心式黑厨房垃圾塑料袋	9.88万 ▲7.16万	98.6万 ▲74.5万	9776 ▲4857	47.2万	¥6.93	18%	详情 ★

图7–4　抖音垃圾袋销售数据

1.用户画像分析

• 性别：购买日用品类的用户，在男女性别上没有太大的差距，基本持平，毕竟大家都要消耗日用品。

• 年龄：日用品的消费对象大都在18—35岁，这类人由于时间有限，偏爱从网上购买日用品。

• 地域：一二线城市之间占比相差不大。

2. 主播人设：会过日子的“达人”

销售日用品的主播的形象要与其精打细算会过日子的形象吻合，如果主播穿搭全是大牌，却去推荐 9.9 元的垃圾袋，很显然画风就不符。

所以，主播在穿搭上要走亲民路线，并且要了解生活中的一些妙招。比如，如何去除洗衣机里的污渍、如何护理皮质沙发等，主播可以在直播的过程中，与粉丝多多交流。

3. 直播间设置

一般情况下，直播间大小控制在 8—15 平方米即可。应当遵循干净整洁的原则，同时尽可能多地展现自己的商品，加大产品的曝光度。可能需要放置衣物架作为辅助，那么这类物品尽量放置整齐。一般来说，如果直播间地面能够铺设地毯是最好的，能够有效降低噪音。直播间尽量使用散光源，避免光线直射，曝光、影响直播画面效果。

前置的补光灯和辅灯尽量选择可以调节光源的灯，自己调节光源强度，更能达到比较好的灯光状态。补光灯要反向照射到正对着主播正面的墙上，然后结合使用反光板。反光板漫反射的暖光会让主播的气色看起来更好。基本布光包括冷光和暖光两种，二者结合，布置适合自己的直播间光线。

4. 带货建议与技巧

（1）物美价廉

日用品的消费对象大都在 18—35 岁，这一消费人群在购买商品时，会着重留意产品价格是否符合心理预期，所以主播可以选择低客单价，推销物美价廉的产品，以量取胜，薄利多销。

（2）高频使用商品

高频使用商品，什么意思呢？就是用户日常经常会用到的一些商品，像零食、袜子、毛巾、杯子这样的日用品，在低价的时候它们会引发用户的购买欲，因为即使现在不用，因为是最低价，买了以后也可以用。

（3）低客单价

低客单价就是说每个商品的价格都不高，用户购买这个商品不需要太大的决策成本。反之，如果一个商品价格为 5000 元，即便 8 折优惠，大部分人也不会考虑购买。

（4）摒除品牌化

比起品牌知名度，日用品类的用户更看重产品品质。调查显示注重日用品效果的用户占 50% 以上。对他们来说，日用品重要的是产品的使用感，只要产品的质量过关，包装美观，或者只要粉丝对主播的带货品质信任度够高，便能促成一笔交易。因为普通日用品消耗更新快，所以大家更注重的是产品本身的使用价值。

（5）紧跟季节

大众的消费需求也会随着季节的变化调整，一般应季产品是非常畅销的，甚至会出现脱销。对于刚需产品，由于粉丝有迫切的购买需求，会降低对价格的敏感度，放宽价格区间，因此夏季可多推荐清凉好物，冬季可推荐保暖用品。

（6）猎奇产品

直播间可以增添一些新奇的产品，例如泡泡机等，因为其良好的观赏性和亲子互动性，不仅可以买给小孩子，大人也可以使用。而且这样的产品在直播间中亮相，会迅速吸引粉丝的注意，进一步推动直播氛围。

（7）扩大商品的受众范围

选品不宜过分局限或小众，比如卖节日装饰品的商家，不能只卖某一特定节日的饰品，而是应该增加商品种类，以扩大商品的受众范围。

食品类：足不出户，做个快乐“吃货”

电商直播做哪个品类好？食品饮料无疑是最佳选择之一。因其刚需、易耗、重复购买的特点，食品饮料与化妆品、服装、日化等快消品共同支撑起了内容创业者电商变现的框架，其中食品饮料又因普适性强而成为首选项。

无论是采用直播还是在内容中嵌入链接的方式，食品饮料均已向市场完成了抢占市场份额。在2019年，就有超过16亿人次在淘宝“蹲守”美食直播；在抖音好物榜上食品饮料品类常居第二，在抖音浏览榜上位居第一；在快手直播的30日销量榜上更是稳居榜首，占比29.26%。平均单价为79.45元，成交件数上仅次于个人护理与香水彩妆品类，位列第三。

1.食品直播用户画像分析

电商及内容平台上食品直播的用户画像如何呢？具体如下：

• 年龄：覆盖各个年龄段，其中20—40岁的“吃货”最多，占比七成以上，平均年龄为33岁。

• 性别：女达到65%，接近2/3，男性占比仅为女性的一半。全国所有城市中，女性观众最多的是湖南岳阳，为

71.5%，海南三沙市是全国唯一男性占据上风的城市，男性占比达 77%。

• 地域：广东籍最多，每 10 个“吃货”里至少有一个是广东人。Top10 分别为：广东省、江苏省、浙江省、山东省、河南省、河北省、四川省、湖北省、安徽省、上海市。

• 活跃时段：依次为晚上 7–8 点、9–10 点、11–12 点，下午 3–4 点、5–6 点。下午 7 点到凌晨 1 点短短的 6 个小时，可贡献全天 58% 的观看时长。而美食直播最集中的场次在每天上午 8–10 点，下午 1–2 点、5–6 点时间段内集中。

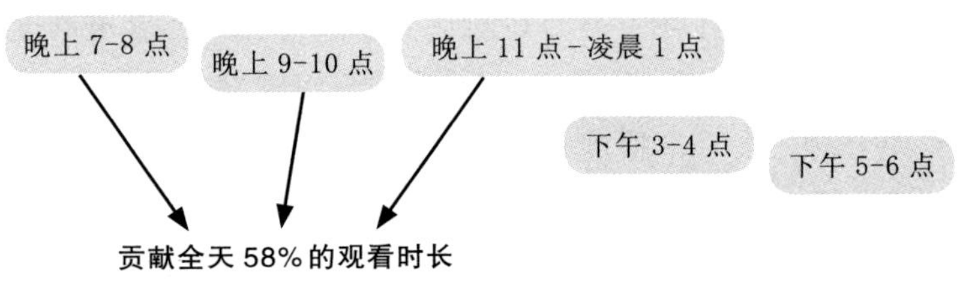

图 7–5　用户活跃时间段

• 品类 top10：新鲜水果、膳食营养品、糕点点心、肉干肉脯、海鲜水产、方便速食、饼干膨化、蜜饯果干、坚果炒货、燕窝滋补品。

2. 主播人设：对美食有热情的“吃货”

首先，我们要了解观看食品饮料直播这部分人的心理需求。

第一是满足感。下班后，拖着疲惫的身躯回到家，随后点开了食品饮料直播视频。这时，用户疲惫的双眼又重新闪耀光芒，看着屏幕对面享受美食的博主，仿佛品尝美味的幸福也属于自己。

第二是安全感。一个人在大城市工作，在吃饭的时候打开吃播，会有一种类似陪伴的情感需求。

所以在食品类直播间中，主播们最好较有亲和力，妆容形象较为年轻可爱，这样才更容易拉近和粉丝之间的距离，同时也更便于推销产品。

3.直播间的摆设

一般情况下，食品类直播间的大小控制在8平方米左右即可。背景图案颜色不要太艳丽，防止粉丝的注意力从主播身上转移到背景上，因此背景上尽量简洁大方。灯光设计上，卖熟食的用暖橙光灯，颜色好看；蔬菜类用白色的冷光灯更好。

要把所展示的产品陈列在前台或陈列桌上，方便主播展示所销售的美食。而且在展示美食时，尽量要展示产品的样态，要把包装袋拆除。

当需要煎煮炸产品的时候，可以在前景陈列台上展示煎煮炸产品的过程和美食做成后的效果并食用。

图7-6 某食品直播间

4. 食品类主播常用的 8 大招数

招数 1：给镜头吃一口

这是美食带货的核心！想象你是个食品博主，食物拿到手，先凑到镜头前放大产品的质感，任何经得起检验的产品，放大看都能产生事半功倍的效果。

举个例子，李佳琦团队的康康特别喜欢美食，他在吃东西时，隔着屏幕用户都觉得香，但却不会让你产生特别强烈的购买欲望。于是，小助理教康康，食品打开后先凑到镜头前，“给镜头吃一口”，甚至晃一晃，掰一块，让用户看到肉肠的纹理、拌面的油亮、鱼豆腐的细腻Q弹、蛋糕的绵软，掰开饼干、核桃酥，还能听到酥脆的声音……

同时介绍食物的味道、口感、营养，也可以介绍食品做法、创意吃法、搭配方法，帮助粉丝了解产品。

招数 2：一人吃一人讲

以下是食品类直播间常用的部分产品形容词：

“酸酸甜甜、Q弹、绵软松软、爆辣、酥脆、新鲜、不会腥、果肉大颗、入口即化、大块、回甘、稀有、卫生、筋道、不上火、含膳食纤维、不长胖、脆脆的……”

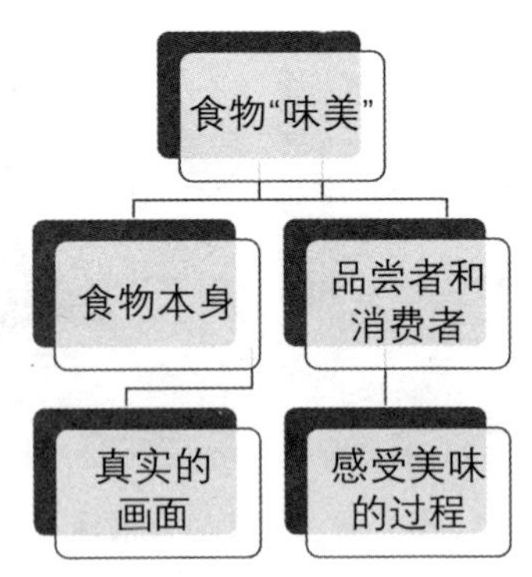

图 7–7　食物“味美”的传播路径

招数3：品尝场景具体化

除了味道以外，场景具体化才能进一步勾起人品尝的欲望。夜宵的时候吃、聚会的时候吃、熬夜的时候吃、减肥的时候吃、追剧的时候吃，和闺蜜吃、和家人吃……这些具体的场景都很容易让人产生“我需要”的感觉。

（巧克力）怕胖又想吃甜食的人可以吃；

（红豆薏米茶）夏天可以喝，吃完饭喝一杯也很好，解腻；

（小火锅）太适合半夜吃了；

（饼干）早上不想做早餐，可以泡一杯奶，加几块饼干；

（全麦面包）健身的时候吃非常适合。

招数4：强调大公司和人尽皆知

大品牌、上市公司、老字号、超市都有……强调大公司和人尽皆知，先帮品牌镇住场，打消消费者的顾虑。如果是明星同款，就强调明星光环，比如“这是黄磊在《向往的生活》里的灵感雪碧拌面的同款”。

如果销量惊人，就强调数字，比如“全世界卖出20亿杯了，20亿杯”！

还会有一些新产品，只在一二线有售，所以食品类直播间也被看作是品牌曝光的大好机会。此时，讲好品牌故事，不仅能达到品牌曝光的目的，也能增加消费者对食品质量的信赖，增加复购。

招数5：保质期短的食品强调保质期、包装和物流

主播在推荐生鲜、新鲜食品时，要强调保质期时长、包装和物流，最大程度打消用户的顾虑。

比如，山核桃酥，新鲜日期，3个月保质期，把防腐剂添加减少到最少；蛋糕，很新鲜，保质期只有2个月；

柠檬无骨鸡爪，冰箱冷藏，保质期 7—15 天。

水果、生鲜、蜂蜜等商品，可前往源头产地，直观呈现出食品产出的过程，也可以前往工厂，体现工厂直发的特性。

招数 6：展示资质证明，提升信任感

食品安全关乎身体健康，主播在直播中可以展示商品的检测证明或资质证明，比如食品经营许可证、产品生产许可证、生产厂家地址，以及卫生许可证编码等，以加深粉丝对直播的信任感。

入口的食品，好吃、安全、卫生，大概是消费者最在意的三个点，对于生鲜和生鲜加工类产品，处理干净非常必要，比如剔枣核可以强调机器剔除；去肠腺强调人工处理。

招数 7：不容易发胖

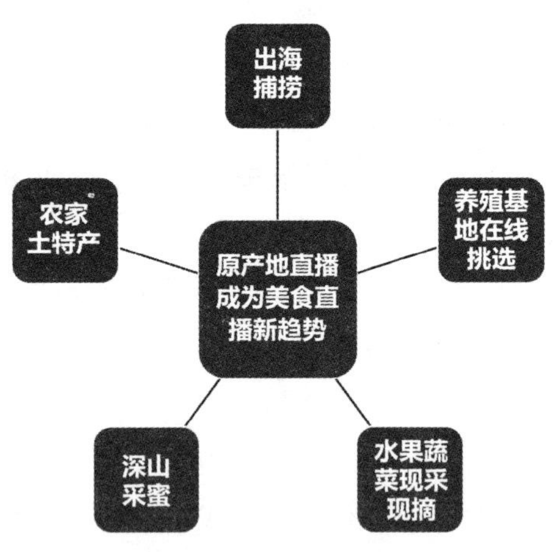

图 7-8　原产地直播

“不容易发胖”这几个字，太重要了。作为一个非资深“吃货”，能刺激我购买食品的根本原因只有一个，那就是不容易发胖，其次是卫生，再其次是价格。

招数8：分享自己喜欢的美食

“我非常喜欢”“我经常吃”“最近吃很多”“同事家里都有”“我妈超爱吃”“我刚买了”……

只有自己真正喜欢的美食才能打动消费者。

综合类：博采众长，性价比绝杀

1. 主播人设：亲和力的“全才”

综合类直播的粉丝在性格、年龄等方面差距较大，主播的亲和力是指主播与观众交流过程中所散发出来的让观众钦佩、赞赏、认同的品德和人格魅力。有亲和力的主播，能促使观众和主播凝聚，产生和谐的交流意境。主播如果想要获得观众好感、青睐，就要多展示亲和力。

综合类直播间因为销售的产品较为广泛，所以要求主播要有丰富的知识储备。同时由于综合类直播间的粉丝年龄分布较广，因此，主播在才艺上也要做到可以老少皆宜。

2. 直播间设置

直播间的大小在8—20平方米即可。背景墙以浅色、纯色为主，以简洁、大方、明亮为基础打造，不能花哨，因为杂乱的背景容易使人反感。建议直播间尽量不要用白色背景，容易反光。

除此之外，直播间还可以使用虚拟背景图增加直播间的纵深感。例如薇娅和赵大喜的直播间，她们的背景墙就用白天或夜间城市大全景图作为虚拟背景图，增加了直播间的纵深感、空间感和高级感，或者直播间可以用当期直播的主题为背景，例如开学季、旅游季、七夕专场等。

3.常用的招数

招数1：选品多样化

综合类直播间可以选择带货的产品更多，因此在选品上，主播更需要多费心思。这里给大家总结了一个选品技巧：用钩子款达成用户的购买吸引，用爆款打造销量，用利润款赚佣金，最终特色款也将产生小部分销量。

表7-1　选品多样化

名称	作用
钩子款	性价比超高，用来做流量吸引，为爆款铺垫
爆款	大厂商产品，用户在直播刺激下，购买欲望会很强烈，在一场直播中，用爆款去侧面证明主播的选品能力，并且塑造强烈的氛围场景，达成超高卖货量为自媒体背书。但爆款普遍不适合赚钱，主播的利润点会相对较低
利润款	看起来不贵且品牌性不强，但利润空间较大，可以与商家谈分佣
特色款	小众产品，有或无均可

招数2：拉近与用户的距离

薇娅将自己的粉丝称呼为“薇娅的女人”，用这样的方式和粉丝建立起一种亲密关系，无形中提升了粉丝的好感度和忠诚度。

而李佳琦，在直播间会经常喊粉丝为“姐妹们”，这样可以让粉丝觉得“这是我的闺蜜在向我推荐好东西，而不是一个卖货的商家”。

所以要想卖货，就先学会卖你和用户之间的链接程度和好感度。

只有你和顾客之间建立了信任，有了情感的维系，他

图 7-9 秒杀类“钩子款”

们才会愿意花钱。

招数 3：针对性沟通

综合类的直播间，其受众人员较复杂，所以主播在介绍产品的时候，一定要引起针对性人群的注意，并引起情感上的共鸣。比如介绍一款产品，我们需要从优势和卖点出发思考两点：产品能帮助用户解决什么困难？如何让用户在情感上找到共鸣？

还是以减肥产品为例：

客户忧虑：太胖了对身体不健康，很多减肥产品有副作用，怕反弹，怕上当受骗……

情感共鸣：女性想要变美的渴望，对事业有影响，买衣服没有合适的尺码，自卑并厌恶自己……

招数 4：复盘直播数据

综合类的直播所带的产品品种较多，顶级的主播们往往能够从这些数据中发掘直播过程中用户的反馈，并调整自己的直播节奏、选品风格、方向等，为自己的下一场直播做好铺垫。

了解这些招数后运用到自己的直播带货中，你就会比别人少走很多弯路，在直播带货的道路上顺畅很多！

可以根据数据看出哪款商品更受欢迎，销量较高。也可以通过复盘弹幕词，知道粉丝都喜欢聊什么，下次直播的时候就可以多准备一些相关的话题，调动直播间的气氛。

还可以知道观众对哪些商品的兴趣比较高，在之后的直播中可以持续进行推广。

图 7–10　用户需求

薇娅也是这方面的高手，薇娅背后的百人客服团队，会每天在各个渠道搜集粉丝的需求，根据需求确认上线的品牌。每一大直播时，她都会渲染每一款产品为粉丝带来改变，让粉丝从心里认识到对产品的需求。

案例 “区长+主持人”，扶贫带货的真诚路线

疫情期间，各式各样农产品线上直播间成为“宅家”群众的关注点。一大批地方官员、农民走上屏幕，化身人气网红。一场场直播下来，滞销的蔬菜、水果等农产品从田间地头走上城市餐桌，巨大的销量让人惊叹。

全国范围内，地方领导干部开直播为农民“带货”，推动销售农产品，正在成为一种“新时尚”，受到越来越多消费者的热捧。在广东省徐闻县，徐闻菠萝直播开始 1 小时后，有近 30 万人观看县长直播并参与拼单，单日累计订单量达 4.6 万单，总销量近 25 万斤；在浙江省衢州市，椪柑直播开始 15 分钟后，直播间涌入 42 万网友观看市长直播，一天订单量超过 2 万单，销量超过 21 万斤；在安徽省砀山县，60 万人围观县长炖“雪梨”，近 14 万斤砀山酥梨销售一空……

而且，优农协会与央视新闻、新浪微博和快手等联合举办了“谢谢你为湖北下单”这样一场公益带货直播活动，销售额超过了 1 亿元。

为什么农产品线上直播这么火？受疫情影响，一些偏远地区的农产品由于运输条件等限制不能及时上市，而广

大消费者逐步习惯了线上买菜等新型农产品消费方式。在此情况下，电商技术支持下的网络直播等方式更好地适应了外部形势变化，带动了农产品上行。

那么，农产品带货又有哪些技巧呢？

1.感受更直观，网友买得欢

直播间最好由两个人负责，一个人介绍产品销量、产地、食用场景和价格等信息，另一个人负责全方位展示产品。相较于以往网上购物中看到的图片和视频，直播更加形象直观，可以满足消费者的多方面需求，更容易被接纳，也更能提升用户的满意度。

“网红”黄金梨大家都不陌生，主播“远洋君”一边吃梨一边直播道：“口感好、水分足，真是美味极了。”

直播页面上，粉丝们的不断刷屏，“看着就好吃”。秀美的自然环境、富有特色的农产品，加上生动有趣的直播，让来自椒园镇黄坪村的黄金梨成了“网红”。主播上山下乡、摘果割稻，这种接地气的直播生动展示了互联网时代的新三农。

从消费者角度来看，农产品线上直播的好处是所见即所得。直播更容易让消费者建立对产品品质的信任感，因为用户可以看到田间地头的生产、采摘情况。

2.资源的高质量和价格优势

产品和服务是直播的核心竞争力。乡村作为部分产品的源产地，对产品的质量和价格可以提供更优势的保证。日本市场上的农产品包装上除了印有产品名称和产地外，还有生产者的名字，甚至还有农夫的照片，目的就是让消费者对产品更有信心，乡村直播也是一样的道理。

3. 有温度的交流

直播把单向的购买过程变成了一个双向互动、有温度的交流过程，其中还有很多趣味知识的分享。

在直播过程中我们可以展示农产品的生长环境，讲解一些相关的知识。比如怎么分辨西红柿有没有打催红素，什么样的西瓜更甜，什么样的小龙虾是干净的，等等。这些新奇特的知识，让从小在城里长大的消费者产生了猎奇心理。不仅可以利用这些知识来互动，还可以让消费者产生信任感，长期消费。

4. 赋予产品深厚的文化意义

荆州市委常委、洪湖市委书记张远梅向网友介绍了洪湖莲藕的生长特点和环境，以及种植历史、规模。她说，洪湖是我国第七大淡水湖，也是国家级湿地自然保护区，这里水生动植物丰富，水质清澈。“好水好泥出好藕”，洪湖孕育出的莲藕比一般的莲藕蛋白质高、口感好、营养丰富。

湖北十堰房县县委书记蔡贤忠为房县黄酒代言销售。房县黄酒起源于距今 3000 多年前的西周时期，盛于大唐，兴于当下。房县是《诗经》文化的发源地，《诗经》的主要编纂者尹吉甫就是房县人，房县至今仍保留着吟诵诗经的文化传统。“千里房县，诗酒远方。房县黄酒，家中常有！”

5. 借助热点助力

“蹭热点”有两种方式：

第一种，借用热点视频的叙事形式和框架，可以随意变换短视频主角。

“潜水艇大挑战”是有 186 亿流量的挑战游戏。广西桂林有个短视频账号，粉丝只有4000多，但一条结合“潜水艇大挑战”热点的短视频，点赞超过1.4万。他们是怎么做的呢？他们自己做道具，让麻鸭模仿潜水艇，在一根根“竹子”间穿来穿去，进行挑战。因为有创意、很搞笑，蹭到了热点，上了热门。

此外，我们还可以看到，有橙子、螃蟹、鱼等多种农产品，都借用了“潜水艇大挑战”游戏的形式。

第二种“蹭热点”的方法就是把热点短视频内容或热点人物，与自己短视频产生关联。

罗永浩在直播卖货时向大家喊话：“你有什么新奇特的好东西，推荐给我。”当天，“乡村胡子哥”在短视频中回应他，借势推荐家乡大别山的坚果，让老罗帮助果农带货。

但要注意农产品蹭热点也是有讲究的：第一，不宜蹭有争议或突发事故的热点；第二，要看热点能否与农产品结合。

6.讲述农产品背后的故事，赞扬匠人精神

在直播中把大家在经营过程中的努力、农民对它的匠心表现出来。

推荐米酒时，朱广权说：“武汉有这样的传统，喜欢用米酒来配热干面。米酒比较娇气，发酵过重，酒味太重；发酵不足、甜味又不够，处处离不开老师傅的经验和智慧，没有一双双手蒸摊晾搅拌，没有这些烦琐的劳作，就没有我们醇香清甜的米酒。所以这不是酒，是惊艳的时光。”

7.对农产品包装设计

产品的包装不仅仅是一种简单的容器，或者只是限于包装材料用于保护产品的外衣，在当今时代更成为一种艺术，往往也是这些“独特”吸引着消费者的注意力，从而

更进一步地形成购买力。

直播的农产品要更注重包装设计，要更讲究平面美感。

这不仅在直播平台上可以吸引观众，更能给收到实物的观众带来惊喜。

在这方面，你不仅要注重包装的美感，更要结合产品自身的特点，设计出有创意的包装，最好在此基础上体现出环保的观念。

这既能增加产品的附加值，更是在倡导环保理念，这么做，更能赢得消费者的回购率。

8.注意售后服务

网络直播农产品，目标还是将产品卖出去，如果有观众购买，那么产品的打包及发货就是一件要事。

为什么这么说呢？因为打包和发货才是产品销售的最终环节。

一旦这一步处理不好，会影响消费者的满意度。

所以在这个环节，你一定要按照之前承诺的，24 小时或 48 小时内准时发货，至于在打包时，一定要保证产品到顾客手上时包装是完损无缺的。

当顾客收到货后，如果有反馈一定要第一时间回应，如果发生差评事件，不管是谁的错，要先跟顾客道歉，搞清楚差评的原因，如果是自己一方的失误，该赔偿就要赔偿，切莫与顾客争吵。

虽然售后工作是农产品销售的最后一个环节，但是不能掉以轻心。因为这一步是赢得顾客回购率和满意度的关键。

未来直播电商很可能会成为不少村民的新身份，进一步推动农业产业的发展、推动乡村振兴。

时代在变，成功靠的是坚持，这点不会变。